Fernando Alberca de Castro

Guía para ser buenos padres de hijos adolescentes

Tercera edición

LIBROS
EN EL
BOLSILLO

© Fernando Alberca de Castro, 2011
© Editorial Almuzara, S.L., 2021

© de esta edición en Libros en el Bolsillo, noviembre de 2021
www.toromitico.com
info@almuzaralibros.com
Síguenos en redes sociales: @AlmuzaraLibros

Impreso por BLACK PRINT
Libros en el bolsillo: ÓSCAR CÓRDOBA

I.S.B.N: 978-84-96947-30-6
Depósito Legal: CO-786-2021

Código IBIC: JN
Código THEMA: JN

Impreso en España - *Printed in Spain*

A mi familia,
en especial a mis hermanos y cuñados.

NOTA

Esta obra continúa la *Guía para ser buenos padres* (Toromítico) que abarcaba las normas básicas de la buena educación de los hijos desde que los padres conocen la noticia de su embarazo hasta entrada la edad escolar. En aquel primer libro se analizaba en capítulos:

El reto apasionante de una obra maestra.
20 pilares de la buena educación.
La noticia del embarazo.
Los tres primeros días de un bebé.
La relación especial entre madre e hijo.
Manifestaciones para saber si un bebé es más maduro o inmaduro que la media.
Ejercicios para bebés y niños, y algunos consejos.
Los juguetes. Cómo elegirlos.
Su adaptación social.
El papel de la madre y el padre.
El papel de los abuelos y otros educadores.
¿Qué influye más genética o ambiente?
No basta el ejemplo.
Autoridad y flexibilidad. La obediencia eficaz.
La relación amor-autoridad-libertad.
Las obligaciones del niño.
El gobierno de los celos.
Conducta, pataletas y otros pulsos con los padres.
El lenguaje de los hijos. Cómo escucharles.
Malas noticias: la separación y la muerte.

El hábito del sueño.
Cómo y cuándo hablar de sexo con los hijos.
La edad escolar.
Afectividad y éxito escolar.
Ser felices y hacerles felices. El ambiente familiar.

Ahora, en esta continuación, se puede encontrar respuesta a las principales dudas y obstáculos a los que se enfrentan hoy la mayoría de los padres durante la adolescencia de sus hijos.

CAPÍTULO 1
LA OPORTUNIDAD DE LA ADOLESCENCIA

La adolescencia es el periodo fecundo en el que pasan muchos de los últimos trenes de la vida. Para los padres y para los hijos.

Los padres tienen ante sí en estos pocos años, la oportunidad de transmitirles las últimas grandes enseñanzas prácticas a sus hijos, para que puedan lograr una vida feliz, antes de que se vayan de casa a formar su propia familia.

Los hijos, por su parte, tienen las últimas grandes oportunidades de comprobar lo que es o debe ser una familia. Si un hijo no disfruta de la experiencia de una familia que le quiere, por contraste aprenderá lo que debe ser una familia y él no disfrutó.

Ambos, padres e hijos, se disponen a separarse, lo que harán tras la adolescencia, y lo que hagan en ella y de qué modo la aprovechen marcará la relación de ambos para el resto de sus vidas.

La adolescencia es la etapa en donde se manifiesta lo que el niño recibió en la infancia. Si la infancia se aprovechó con una educación adecuada, la adolescencia será suave y transcurrirá apenas sin conflicto. Al contrario, será más tempestuosa conforme más desaprovechada desde el punto de vista educativo fue la infancia. Así, muchos efectos que se presentan en esta etapa, tienen sus causas en errores que se cometieron con buena intención en la infancia: superprotección, consentimiento, falta de exigencia, ausencia de normas claras, desafecto, ausencia, falta de atención, falta de confianza, falta de libertad o no, adaptada a su edad, etc.

Los adolescentes no son niños y tampoco adultos. Sin embargo, los padres a veces los tratan como niños y ellos se rebelan llevados por su instinto de singularidad, madurez y emancipación, dado que son personas distintas a sus padres y como tales sienten y piensan que han de ir comportándose. O los tratan como adultos, cuando aún no lo son, y les recriminan hacer cosas de niños aún y eso les ridiculiza. Porque no hay nada que humille más a un niño que la torpeza y la inmadurez, que de sobra sufren y está fundada.

Durante la adolescencia hay padres que ven un conflicto en cada paradoja en la que se encuentra su hijo: la paradoja de no ser niño ni adulto —esto es, a veces niño y a veces adulto—, independiente y dependiente, valiente y cobarde, seguro e inseguro, sin experiencia y aparentando saberlo todo, etc.

Algunos, además, creen que sus hijos les quieren menos cuando intentan encontrar su identidad, su diferencia, la que le llena de sentido y le hace contradecir o confirmar a su padre y madre, para demostrarse a sí mismos que son personas diferentes.

No saben que si son pacientes, habrá tiempo de que con la madurez, su hijo redimensione su diferencia y aprenda que es posible ser él mismo y coincidir con sus padres.

La adolescencia es la etapa donde demostrar más amor a los hijos. Exigente, pero desinteresado. Porque el amor más grande es paciente, sosegado, equilibrado, no hiere, ni busca imponerse o quedar por encima.

No ha de alterar por ello a los padres que sus hijos actúen a veces incomprensible, incontrolable o imprevisiblemente. Alterarse hasta el conflicto es injusto. Porque los hijos adolescentes no son del todo los causantes de los efectos que ahora irritan a los padres. Son los que pueden evitarlos, pero no los causantes.

Por otro lado, el uso de la paciencia y el amor es más fácil sin duda para las personas maduras y, por tanto, para los padres. Esperar lo contrario es injusto con los propios hijos a los que uno ha de amar y enseñar con el ejemplo, el cariño, la paciencia y las buenas formas siempre.

Si de pequeño los padres soportan que un niño se despierte cada tres horas para darle el pecho o el biberón sin respetar el sueño de los padres. Si desde niño los padres soportan cambiarle cada vez que ensucia el pañal. Cada vez que llora lo consuelan, aunque sea por capricho y con paciencia reorientan su llanto y su capricho con buenas palabras, tiernos gestos y cariño… ¿Por qué no hacer ahora en la adolescencia lo mismo, con las formas que la nueva edad requiera, como hasta entonces siempre han hecho?

Con frecuencia los padres son injustos valorando a sus hijos adolescentes por sus actuaciones en el presente sin tener en cuenta sus antecedentes, de los que son en buena parte causantes los propios padres.

Con todo, la adolescencia es una de las últimas oportunidades que los padres tienen de enmendar lo que erraron en la infancia de sus hijos y de mejorar la familia. Mejorando como padres y enseñándole al hijo lo que le quede para cumplir con su misión en la sociedad y en la familia que será capaz de formar.

A lo largo de la adolescencia el hijo se va adecuando a su personalidad, que se formó antes de sus siete-doce años, y ahora la va conociendo él mismo. En la adolescencia la mayor libertad provoca que su forma de ser, pensar y sentir, se manifieste. A veces le hace sentirse orgulloso; o avergonzarse por no ser tan audaz, agudo, oportuno, rápido, ocurrente, desenvuelto, resolutivo, exitoso, dominante, como desearía.

Los padres también se sorprenden de este cambio en su hijo, lo van conociendo ahora más que antes.

En la adolescencia, su hijo se revela como es, como fue siempre. El mismo niño que ahora hace fructificar la siembra de sus padres, la escuela y el ambiente que guardó en su interior hasta que se dieran las condiciones de germinación

Un buen niño es un buen adolescente (también rebelde) y un buen adulto. Un niño caprichoso, es irremediablemente un caprichoso adolescente y lo es de adulto, si no cambia.

De forma que los adolescentes actúan con las virtudes y vicios que aprendieron y los llevan al terreno de su entorno, su ambiente, sus amigos, sus preocupaciones, principios, intereses y su vida real. Que les hace sufrir a menudo, pero real, la que tienen. En ella han de desenvolverse, no en la de sus padres.

Los adolescentes caprichosos en contacto con la realidad de su entorno social pueden cambiar su conducta ante el fracaso de sus manías o sus caprichos. Un adolescente inmaduro puede generar un adulto maduro. Un adolescente caprichoso puede desembocar en un adulto maduro si renuncia a sus caprichos. Pero un niño caprichoso difícilmente dará un adolescente que no lo sea.

Esta es otra de las grandes riquezas de la adolescencia, la oportunidad de rectificar lo mal enseñado y aprendido. Confirmar lo bueno. Comprobar lo que en efecto es útil en su vida real, al contacto con los demás, amigos, escuela y ambiente.

CAPÍTULO 2
LO QUE LOS ADOLESCENTES NECESITAN DE SUS PADRES

Ser adolescente no es fácil. Ser padre y madre, tampoco. Pero estos últimos juegan con la ventaja de la experiencia, de la madurez y de ser capaces por ello de mayor amor. De haber sido antes amados por sus propios padres, soportablemente en su propia adolescencia, que a veces parecen olvidar. Aman más porque al amor por sus hijos suman el amor que también sienten por sus padres.

Suelo decir en las conferencias, cuando alguien me manifiesta la sensación de ingratitud que a veces los padres pueden tener de sus hijos, que ya han sido pagados de antemano. Los padres aman desinteresadamente a los hijos, porque primero fueron queridos por sus propios padres. Por eso no han de esperar agradecimiento, que no llegará hasta que los hijos superen la adolescencia y sean maduros. Con anticipación sus padres les enseñaron a amar desinteresadamente porque a su vez lo aprendieron de sus abuelos. Tampoco ellos fueron hijos suficientemente agradecidos. Un hijo nunca acaba de decirle a su padre lo infinitamente agradecido que se siente. No al menos en vida. Es natural si se tiene en cuenta que el adolescente es el ser que ha aprendido a sobrevivir en el refugio familiar y ya maduro debe abandonarlo para demostrarse y demostrar a todos que es útil y tiene sentido por sí mismo. Para eso ha nacido. Para eso lo han educado. La misión de un buen padre es hacerlo independiente. Amante de sus padres, pero libre, inteligente, resuelto, capaz, con sentido propio y feliz. Cuanto antes. Porque no se sabe cuándo le faltarán.

La personalidad que se formó en la infancia, en la adolescencia se confirma. Aprendiendo cada día que se puede ser distinto a los padres y coincidir con ellos en lo principal. Pero para esto, los padres deberán dejar que su hijo pronuncie su propia voz, aunque parezca provocadora, retadora, confrontadora, que desprecia todo lo aprendido. Exigiendo solo respeto en las formas. Alentando a manifestar sus diferentes opiniones o no tan diferentes desde la infancia.

El hijo lo necesita para confirmar por sí mismo que sus padres, de los que ha dependido durante la infancia, le respetan y consideran como ser distinto. Si un niño aprende que su diferencia es compatible con las muestras de cariño, no tendrá de adolescente que demostrar a sus padres esa diferencia con grandes confrontaciones. Veamos por ejemplo el caso de tres niños:

— *Si un primer niño* se ha acostumbrado desde pequeño a decir que le gustaba más un jugador de fútbol que el que le gusta a su padre, y él lo potencia, diciéndole que es verdad, que el suyo también es bueno, cuando sea adolescente discutirá sobre otros aspectos, pero seguirá siendo del mismo equipo que el padre, porque no necesita marcar la diferencia que ya sabe que respeta y conoce su padre.

— *Si un segundo niño* no ha experimentado desde pequeño que su padre le valora como persona diferente, única, que le gusta oír sus opiniones, fundadas o no, cuando el niño sea adolescente, si cree que su padre aún piensa que sigue siendo el niño que fue y depende aún de él para todo, querrá marcar la diferencia con su padre, abandonando el seguimiento del equipo que le iguala a su padre y elegirá otro, incluso el rival.

— *Si un tercer niño* experimentó que su padre le despreciaba cada vez que disentía con él sobre qué jugador era el mejor, cuando el niño sea adolescente, no seguirá siquiera el fútbol.

Los hijos necesitan hasta los 7 años, más o menos, a sus padres para sobrevivir en aspectos materiales y espirituales fundamentales. Pero desde los 8 hasta los 27, también.

Cuando comienza la adolescencia (9 años en adelante), aún le queda al hijo aprender mucho de cómo lo vivido en la infancia es válido para su propia vida, en su relación con los demás y para la familia que con el tiempo creará. Pero téngase en cuenta que hoy es habitual que la adolescencia perdure hasta los 40 e incluso más tarde.

Por eso la labor de los padres en la adolescencia no es solo de resistencia, sino de fecunda acción. En esa etapa comienza la mayor verdad de su vida. Por eso, porque sienten su propio yo al descubierto, es por lo que se forjan tantas caretas, tanta fachada, en gestos, opiniones, acciones, para intentar ocultar lo que empiezan a descubrir en sí mismos: la inmadurez, la inseguridad, sus defectos, limitaciones.

Los niños se creen poderosos por el amor de sus padres y por la inconsciencia de su realidad.

Al crecer, comienzan a conocerse mejor y es cuando más necesitan la seguridad y el amor de sus padres, pese a como son.

Seguridad y amor. Si en la infancia necesitaba más cariño que seguridad, en la adolescencia buscan más la seguridad que el cariño de sus padres. Estas son las dos cualidades principales de los buenos padres de hijos adolescentes:

— *Seguridad* (padres firmes) y

— *amor* (padres pacientes y respetuosos).

Todo hijo adolescente, conflictivo o no, rebelde o no, agresivo o pacífico, sabe que debe mucho a sus padres, a los que quiere y necesita. Pese a que intuya también que debe dejar de necesitarlos para poder llenarse de sentido por sí solo. Entretanto —más en la adolescencia— los hijos necesitan que sus padres:

— No flaqueen ante sus exigencias de adolescente. No cambien de opinión por comodidad ante sus insistencias caprichosas o no. Los adolescentes necesitan, sobre todo, seguridad, y por eso esperan, desean y necesitan que sus padres no vacilen ante lo que crean que es bueno para los hijos. Los padres más «*pesados*», que con buenos modos se mantienen firmes en lo que el hijo ha de lograr, por su valía, son los más queridos (y los que mejor quieren).

— Que tengan una actitud positiva ante ellos. Sin ingenuidad, pero de confianza. Una y mil veces. Olvidando el pasado. Los anteriores fracasos.

— Que no les ridiculicen, sobre todo ante sus amigos.

— Que protejan con el silencio su fachada de seguridad ante familiares, vecinos, profesores o amistades y compañeros.

— Que sean optimistas.

— Que muestren en el decir y en el reaccionar, una enorme dosis de esperanza.

— Con gran fe en sus hijos. Confiados en que con algo de tiempo y cariño, ellos mismos acertarán. Que por su valía y esfuerzo, lograrán el éxito del que podrán sentirse orgullosos.

— Gran paciencia con ellos, sobre todo. Con su inmadurez de hijos. Con sus cosas de niños aún. Sus complejos y miedos. Sus rebeldías, malos modos, desaires, inoportunos aspavientos, traiciones para agradar a otros ajenos a la familia. Su falta de personalidad. Su aparente soberbia y desprecio a los consejos experimentados de los padres.

— Que sean magnánimos.

— Que den todo lo que tienen.

— Con disponibilidad las 24 horas. Que puedan llamarles (al trabajo o donde sea), para lo que sea y cuando sea.

— Coherentes, sin doble moral.

— Insistentes, «pesados», preocupados, que se metan en su vida porque les quieren y que aguanten sin cambiar cuando se les recrimine.

— De pocas normas y principios fundamentales.

— Concisos en los consejos. Con suavidad, educación y sin pelos en la lengua.

— Que siempre le dejen una salida para quedar bien.

— Que no teman su libertad, sino que se sientan orgullosos de cómo podrán emplearla.

— Con gran autodominio para mostrarse más caritativos con ellos que justos.

— Y con derrochadora capacidad de perdón y olvido. «*Porque quien ama, olvida*», dice un proverbio árabe.

Unos padres, en definitiva, que les amen sin condiciones, que presuman de ellos ante sus conocidos y familiares, que se sientan orgullosos, que confíen en su valor de hijos, en su esfuerzo por lo difícil si se empeñan, en su capacidad real de mejora, en sus virtudes y logros, que le escuchen más que hablen, que también sean imperfectos y les muestren con hechos cómo luchan por aminorar sus propios defectos. Que tengan como prioritario el bien objetivo de la familia. Que les exijan, como consecuencia de la confianza en su valía. Que no se venguen cuando puedan. Que les quieran tal y como son, no como podrán llegar a ser. Que soporten sus desaires, sabiendo que la adolescencia pasará y ya se atreverán cuando tengan más confianza y seguridad a manifestarles su agradecimiento. Que les quieran siempre y pese a todo, sin dejarles de indicar cómo harían ellos las cosas si estuvieran en su lugar, aunque sean ellos los que tengan que decidir. Que estén a su lado, acierten o se equivoquen, porque crean en su libertad y confíen en su formación y sabiduría, que siempre es mayor de lo que parece.

CAPÍTULO 3

SÍNTESIS DE LO QUE PASA EN LA ADOLESCENCIA

Dediqué a la adolescencia tres libros, además de este: La enfermedad del amor y las complicaciones del corazón adolescente, La revolución necesaria y Adolescentes manual de instrucciones. Aunque también en todos los demás hay consejos aplicables en la adolescencia (léanse si se quiere Hijo, tú vales mucho, Educa sin estrés, El niño que venció a brujas y dragones, Todo lo que sucede importa o Cómo entrenar a su dragón interior, entre otros). En ellos quise explicar lo que un adolescente siente, cómo y por qué. Sus sentimientos y su relación con los padres, con el resto de adultos, con sus iguales y menores, con los amigos y amigas, con el mundo que le rodea. Lo que domina o se le escapa. Sus cambios y miedos. Inseguridades. Su afectividad, autenticidad, comportamiento, rebeldía, deseos, sueños, mentiras y verdades… Por eso no me extenderé ahora en contenidos que se exponen en aquel libro, no obstante quisiera recordar la síntesis de los grandes cambios que suceden durante la adolescencia de los hijos, dado el tema de esta Guía.

Así, hemos de tener presente que la adolescencia es el periodo donde madura el hijo hasta llegar a ser adulto, etapa para la que se ha ido preparando toda la vida. Por ello, la adolescencia es:

1. Un periodo de incertidumbre: no saben ser adultos y ya no son niños.

2. De inseguridad.

3. De encrucijada vital.

4. Cargado de contradicciones que no controlan.

5. Es una etapa de conflictos, que reflejan en la relación con sus padres:

    — Conflicto por no ser niños y tampoco adultos.

    — No ser dependientes ni del todo independientes de sus padres.

    — Sentir deseos que no encuentran cómo ni cuándo expresar con seguridad.

    — Querer reafirmarse como son y al tiempo ser de otra forma.

    — Sentirse singulares —el reclamo de su inigualable personalidad— y al tiempo importarles desproporcionalmente el qué dirán hasta el punto de dictar y coaccionar su actuación.

    — Creer saber y faltarles experiencia.

    — Tener la cabeza llena de valores y la vida vacía de hechos o virtudes.

    — Saber que han de proteger su intimidad y alimentar su mundo interior, al tiempo que abrirse y darse a los demás.

- Encontrarse atrapados entre la realidad y cómo les gustaría que fueran las cosas.

- Entre el sufrir y el hacer sufrir a los que más quieren.

- Tener que optar siempre entre ellos mismos o los demás.

6. Es una etapa, más que de problemas, de solución de problemas.

7. Aunque hay adolescentes felices, por lo general, la adolescencia es tormentosa e infeliz, por:

- El número abundante de problemas que debe resolver el adolescente para ser feliz.

- El número de requisitos y deseos que conforman la felicidad, mucho mayor que de niño.

- El hecho de que la felicidad ya no pueda venir del exterior solo, sino de dentro, de ellos mismos, requiriéndose su intervención para conseguirla. Por eso, ahora necesitan saber dónde se encuentra la felicidad, hasta dónde se puede alcanzar, qué han de hacer ellos, y de dónde pueden sacar la fuerza y destreza para conseguirla.

8. El adolescente quisiera ser autosuficiente. Pero no lo es. Quisiera lograr la felicidad por él mismo. Y comprueba que no se basta para lograrlo. Esto le desconcierta.

9. Igual que le ocurre con la riqueza, la profesión, la vida y el amor, al ser humano le satisface ser el artífice de su felicidad. Pero los adolescentes y aún muchos adultos no saben cómo lograrlo.

10. Todos sus problemas comienzan a resolverse cuando se le reconoce como ser diferente, valioso y capaz, otorgándole la seguridad que le falta para acometer los retos más grandes que tiene por delante y le conllevarán sus logros personales más importantes.

11. La adolescencia es una etapa positiva, ha de comprobarlo de boca de sus padres al menos, si no del resto de adultos.

12. Es como un nuevo nacimiento, a su vida madura.

13. Si de verdad lucha por su madurez, en él surgirá un hombre o mujer nuevo, diferente, útil para sí, para su familia y para la sociedad.

14. Es, por último, una etapa en la que los padres sufren. Y lo hacen:

— Porque ven sufrir a sus hijos.

— Porque a veces los ven dirigirse hacia el fracaso.

— Porque se evidencia el fracaso de su educación cuando fueron niños (*si no hubiera hecho esto como padre...*)

— Porque coincide con la propia crisis de los padres: la de su existencia (edad media), la de su proyección y la de su querer ser...

Por todo, es una etapa especialmente rica en el ser humano y fecunda si se aprovecha.

CAPÍTULO 4
EL NIÑO NORMAL Y EL CONCEPTO DE PROBLEMA

Antes de enfrentarse a la solución de los problemas que nos presenta la conducta de nuestros hijos para orientarles, tratarlos adecuadamente y ayudarles a solucionar sus carencias y potenciar sus virtudes, hemos de saber si nuestro hijo es *normal*. Las dificultades para saber cuándo un niño es *normal* estriban en:

— La propia personalidad de cada sujeto.

— La individualidad de cada uno, su única forma de ser.

— La edad.

— Las circunstancias en que se desenvuelve el adolescente.

Lo cierto es que muchas conductas que a menudo llamamos *anormales* o problemáticas, no son sino conductas para conseguir respuestas adecuadas, al no haberlas conseguido a través de comportamientos más idóneos.

Hemos de saber que cualquier conducta por negativa que parezca, de ordinario tiene más fácil solución de lo que se piensa. Por el contrario, cualquier conducta, por insignificante que parezca, desviada de lo *normal* puede conducir, si se abandona, a conductas problemáticas de difícil erradicación.

¿Pero, qué es un niño normal?

Si hiciéramos caso a Heuyer, diríamos que «*una persona normal es aquella que ha sido educada de tal manera que se encuentra capacitada para abordar con entereza las múltiples vicisitudes de su existencia y sacar provecho de las mismas en beneficio de sí mismo y en provecho de los demás. Para ello se requiere, de ordinario, haber crecido en una familia feliz, que ha proporcionado los materiales suficientes para la construcción de esa arquitectura que constituye su personalidad, a través de la cual ha adquirido una serena y rica vida interior, con dimensiones proyectivas*».

¿Existe entonces algún niño *normal*? Podríamos decir que en términos absolutos no existen niños *normales* ni *anormales* refiriéndonos a sus conductas, porque cada adolescente puede ser normal en algunos aspectos y anormal en otros.

No obstante, hay quienes, como Stela Ches, establecen las siguientes características en los adolescentes normales:

— Se lleva predominantemente bien con sus padres, hermanos y amigos.

— No perturba mucho con su conducta.

— Emplea su potencial intelectual aparente en un grado cercano a lo que se piensa de él.

— Está satisfecho durante buena parte de su tiempo.

Pero, ¿no son tremendamente arbitrarios y subjetivos estos criterios?

La realidad es que, dentro de los adolescentes sanos, todos son normales y anormales. Cada padre y madre deberán corregir a su hijo por muy *normal* que este parezca y al tiempo, ninguno debería impacientarse ni tirar la toalla ante cualquier hijo que parezca de conducta persistentemente anómala.

Los niños *normales* tienen conductas anómalas. Es la pura verdad, y lo único útil. Y todos los hijos exigen la intervención e implicación de sus padres, sea cual fuere su conducta.

Quizá la cuestión más interesante es el concepto de problema.

Admitido está ya en nuestro siglo XXI, por influencia de las teorías empresariales más extendidas, que el problema es una oportunidad de solución.

Es algo a resolver. La misma vida es un conjunto de problemas que cada ser humano ha de resolver por sí solo o con ayuda, día a día, desde que nos levantamos hasta que nos dormimos.

Algunos son tan comunes que se resuelven sin prestarles gran atención. Por ejemplo, atarnos los cordones del zapato o vestirnos. Pero todos los problemas, cuando se nos presentaron por primera vez, nos resultaron costosos. Solo se hicieron fáciles con la repetición. Hasta resolverlos automáticamente.

Otros problemas resultan más difíciles y no nos permiten resolverlos de manera inconsciente, sino que exigen nuestra atención y concentración.

También hay infinidad de problemas que aún no sabemos cómo resolver. Y otros que no aprenderemos a resolver nunca.

Sin embargo, hemos de convencernos de que cualquier

tipo de problema que tenga solución y haya resuelto alguna vez alguien, es susceptible de ser resuelto por nosotros mismos. Nos bastaría conocer cómo se resuelve y emplearnos en resolverlo.

Todo es cuestión de aprendizaje, dedicación y medios.

Es cierto que el mismo problema, diferentes personas pueden resolverlo con procedimientos distintos. Tan cierto, como que lo que suele ocurrir es que algunos lo resuelven de forma más costosa que otros. A estos les ocurre que no encuentran la misma satisfacción al resolver los problemas y que cuando se repiten no encuentran con igual facilidad el camino de resolverlos.

Cuando una persona aprende a resolver eficazmente un problema, disfruta al hacerlo y no teme al siguiente. Le satisface comprobar al cabo del tiempo cómo se resolvió el problema y no le provoca rechazo alguno la persona que le enfrentó al problema, porque fue una oportunidad de crecimiento y satisfacción.

Al enfrentarse a un problema, como si de un problema matemático fuera, hay que:

1. *Saber leerlo.* Sin prejuicios de ningún tipo: positivos ni negativos. Solo con la consciencia de que hay que resolverlo y la ilusión de ser uno mismo quien lo resuelva.
2. *Recopilar correctamente los datos.*
3. *Cuestionarse* y saber bien lo que se nos pide.
4. *Decidir las operaciones* que hemos de hacer.
5. *Hacerlas.*
6. *Comprobar el resultado.* Si fue satisfactorio alegrarse por la solución en sí, no por ser nosotros los que supimos hacerlo. Y si no lo resolvimos correcta-

mente, en caso de descubrir nosotros mismos donde estuvo el error cometido para que no se resolviese, esperar la siguiente oportunidad para resolverlo bien. Pero si, como suele suceder en educación, no detectamos el error exacto que nos llevó a la insatisfacción de la solución, habrá que preguntar a alguien que sepa, que nos enseñe cómo se resuelve ese problema, para en adelante no caer en los mismos errores que desconocemos.

Es clave no hacer un paso pensando en el siguiente, sino poco a poco. Los problemas se resuelven mal con la ansiedad por ver el resultado. Hay que ser pacientes y prestarles a cada paso nuestra atención y concentración, por más fácil o difícil que parezca.

CAPÍTULO 5
EL ADOLESCENTE MODÉLICO

El adolescente de mala conducta suele conseguir con facilidad lo que quiere, en la mayoría de los casos llamar la atención. Convertirse en objeto de atención, aunque sea de preocupación. El adulto suele prestarle la atención que demanda, para corregirle.

En cambio, el adolescente bueno, obediente, el adolescente modélico, el que no crea problemas y de ordinario pasa desapercibido, no suele ser objeto de atención continua y cuando se le presta esta atención, es para alabarlo y ponerlo como ejemplo, buscando que los demás lo imiten.

Es verdad que existen adolescentes tranquilos, bondadosos, fáciles de tratar y de corregir. Lo pasan bien allá donde están y lo hacen pasar bien. No incordian ni importunan a los demás. Son realmente felices y lo seguirán siendo de adultos.

Pero junto a estos, hay adolescentes con un comportamiento parecido, que sin embargo su conducta obedece a un artificio, siendo sumisos o modélicos por pura estrategia, conveniencia y necesidad.

Son adolescentes que han aprendido desde niños la ventaja de su sumisión y encaminan sus acciones y esfuerzos, no al comportamiento que más satisface a él mismo, sino al comportamiento que creen que le exige buscar la consideración, simpatía y atención de los demás. Con lo que se sienten altamente gratificados.

Esta buena actitud suele ser forzada y conduce al adolescente a la perfección, cada vez más exagerada e insoportable, porque se acostumbra a una perfección irreal, ficticia, que no es fruto del comportarse natural del adolescente, que siente que cada vez se le pide mayor renuncia, hasta verse insufriblemente enredado en su propia maraña.

Muchos de estos adolescentes tienen complejo de inferioridad y un pobre concepto de sí mismos, y encuentran en la aceptación de su comportamiento la manera de sobresalir o compensar la poca valía personal que se atribuyen.

Este comportamiento modélico a menudo viene ocasionado por la necesidad de sentirse considerado entre los hermanos, si los tiene. Recurren a la bondad y al servicio y renuncian a cuanto tienen: tiempo, juguetes y la propia comida.

Es el clásico hermano que carga sobre sí la responsabilidad de sus hermanos menores, alcanzando de esta manera el prestigio y reconocimiento de sus padres, que de otra forma cree imposible conseguir.

Cualquiera podría decir que se trata el suyo de un comportamiento extraordinario. Se tendría que matizar en cada caso concreto si esta manera de comportarse le reportaría beneficios o no. Un servicio continuo a los hermanos y una obediencia ciega a los padres puede resultar en general buena y positiva. No obstante, en determinadas circunstancias esta sumisión y entrega sin discriminaciones perjudica más profundamente que favorece.

Estos adolescentes son *modélicos* según sus padres o profesores, porque no suelen crear problemas, no solo no protagonizan peleas sino que evitan muchas de ellas, obedecen y se ajustan a las normas. Su vida se desarrolla en calma, pero con frecuencia se está gestando en ellos un infantilismo que les pasará factura tarde o temprano. Cuando no están presentes sus padres o sus profesores, no saben bien cómo resolver los problemas o se sienten inseguros sin indicaciones claras de cómo se espera que actúen.

No siempre un adolescente *modélico* es un adolescente *normal*. Si un adolescente se porta casi sistemáticamente de un modo ideal, lo más probable es que tras ese comportamiento esconda una patología y que se llegue tarde a remediarla. A veces estos adolescentes sufren un revés en su comportamiento y entonces pueden manifestar un conato agresivo, fruto de la presión en la que se encuentra su comportamiento. Al estallar, se sorprenden a sí mismos, se rebelan y su complejo se acucia y su malestar les hace empeorar el concepto de sí mismos y sufren enormemente.

No siempre, por supuesto, el adolescente *modélico* es patológico. Lo es si su comportamiento es en exceso manso y bondadoso. No obstante, lo más frecuente es que los adolescentes *modélicos* sean de constitución tranquila y dócil: normal. A quienes no les cuesta cumplir demasiado las normas. Con todo, de entre los niños que fueron así, es de donde surgen luego los adolescentes *modélicos anormales,* cuando encuentran a mayores o semejantes abusivos que aprovechen su docilidad en beneficio propio.

CAPÍTULO 6

EL ADOLESCENTE
QUE DESOBEDECE

Normalmente consideramos adolescentes desobedientes a los que no se ajustan a las normas impuestas por los mayores ni están dispuestos a corregir su conducta cuando se les solicita por alguien que ejerce ante ellos la autoridad.

Desde que el niño entiende lo que le manda la madre o el padre, sabe lo que debe elegir, y conoce lo que puede hacer para contrariar a quien le ordena hacerlo y rebelarse ante lo que se espera de él.

Ya en la primera entrega de esta *Guía para ser Buenos Padres*, desde el nacimiento hasta la edad escolar, en el capítulo 14, titulado: *Autoridad y flexibilidad. La obediencia eficaz,* se explicaban las razones por las que el niño desobedece y cómo lograr hacerse obedecer de una forma eficaz y satisfactoria para todos, también para el propio niño. En esta ocasión, no nos repetiremos, pero comentaremos algunos aspectos sobre la desobediencia propia de la adolescencia.

Varias son las razones por las que un niño desobedece, ya analizadas en aquel capítulo 14, y sus remedios.

Durante la adolescencia las ocasiones de elegir son más, su libertad mayor, y por tanto más son las oportunidades de desobedecer. Muchas de ellas estarán provocadas por la necesidad de reafirmar su diferencia, su identidad y su madurez.

Aprendidas las primeras reglas de la obediencia durante la niñez, no obstante, en la adolescencia, un hijo tiende a desarrollar su autonomía y poner en práctica su capacidad de decir *no*, cuando los padres le proponen *sí*. Es parte de su proceso madurativo. Necesario para que aprenda a enfrentarse a la sociedad agresiva que le querrá manipular. Dónde podría aprenderlo, sino en la seguridad de la familia.

Los padres, en lugar de sentirse contrariados con esta rebeldía natural por parte de su hijo adolescente, ofendidos, cuestionados, deben sentirse confiados y con la esperanza de que, si dan oportunidad a su hijo de desarrollar su autonomía con acciones positivas, su hijo logrará avanzar en su madurez y necesitar cada vez menos afirmarse contradiciendo a los padres.

Con ello, no solo conseguirán en su hijo conductas positivas y madurativas, sino que le evitarán el sentimiento de frustración y culpabilidad que adquiere al discrepar con sus padres.

Sin embargo, junto a las cuestiones bio-psíquicas, las más naturales e inevitables de la desobediencia, existen otras muchas razones por las cuales el adolescente puede comportarse desobedientemente. Entre ellas, podrían destacar:

— La falta de un entrenamiento adecuado. La obediencia exige una experiencia y entrenamiento.

— Las excesivas prohibiciones. Muchos adolescentes se sienten tan limitados y presionados en tantos frentes a la vez, que creen que han de incumplir algunas normas y contradecir así a sus padres para proteger su individualidad. A más prohibiciones, mayor rebeldía; y a mayor rebeldía, más desobediencia.

— La falta de autoridad en la educación. En tal caso, el adolescente no sabe a qué atenerse con seguridad y solo acatará las órdenes según su capricho o sus necesidades del momento.

— El ambiente familiar en que el adolescente se desenvuelve. El ejemplo de obediencia que ve entre sus padres, hermanos si los tiene, abuelos, personal empleado en el hogar, etc.

— El ambiente escolar. En aquellos ambientes escolares donde el alumno aprende los beneficios de someterse a normas de conducta, tanto para su desarrollo global como para el de los demás, en clases con cierto orden y armonía, el adolescente encontrará fácil la obediencia. En cambio, cuando esto no se produce, los hijos desobedecen, por imitación en algunas ocasiones, por no destacarse del grupo y marginarse en otras, o por seguir la ley del mínimo esfuerzo.

— El ambiente social y el entorno próximo. Cuando un adolescente vive en un entorno en el que lo habitual es la desobediencia, salvo excepciones —que las hay— el individuo tenderá a lo mismo. Al revés ocurre con más dificultad. De forma que si el ambiente es de obediencia, el adolescente tiende a obedecer.

— Los medios de comunicación de masas. Dentro del entorno, los medios de comunicación, internet y redes sociales, juegan un papel muy especial.

Múltiples trabajos en todo el mundo desvelan que el comportamiento del adolescente en cuanto a obediencia/desobediencia, a corto, medio y largo plazo, se encuentra directamente relacionado con lo visto, oído o leído en estos medios de cominucación de masas. Destacando entre ellos, las series de televisión, los libros de adolescentes, el cine y las redes sociales.

— Cuando un adolescente no se encuentra aceptado, las respuestas del adolescente a su ambiente familiar no sólo están condicionadas por la imitación intencionada o la inconsciente, sino por la necesidad de correspondencia a la que tiende. Cuando el adolescente no se siente aceptado ni querido, piensa que tampoco está obligado a aceptar ni querer a los demás y, por consiguiente, no tiene por qué ajustarse a las normas.

— No sentirse a gusto en el ambiente, considerado este como mero espacio ecológico y físico, no afectivo. Ocurre muchas veces.

— Falta de armonía y comprensión psico-afectiva y espiritual. Lo que se traduce en rebeldía y desobediencia por parte del adolescente que no está dispuesto a disimular, llegando a provocar —incluso de una forma consciente por medio de la desobediencia— ser apartado del ambiente que no considera gratificante.

— Los que viven en un ambiente autoritario, basado en normas rígidas, impuestas por y para los mayores, viven en un ambiente que facilita la desobediencia. Sobre todo, en ausencia de los padres autoritarios.

— Lo mismo ocurre cuando el ambiente es excesivamente permisivo. Donde no se prodiga la libertad-responsable, que tanto bien hace al hijo, al ser humano en general y al adolescente en particular. Donde predomina la permisividad del dejar hacer, siguiendo una falsa libertad y una cierta comodidad. En un ambiente así el adolescente no aprende la obediencia, hace lo que le apetece y no se somete a normas que contradigan su apetencia.

Por la razón que sea, ante la desobediencia, los padres buenos han de aplicar las mismas medidas de corrección que se describieron en el capítulo 14 de la *Guía para ser Buenos Padres* en su primera entrega, y también en la *segunda clave* en mi libro *Cuatro claves para que tu hijo sea feliz*, de esta misma editorial. Con independencia de la edad. Porque en educación, siempre *ahora* es mejor que *nunca*.

CAPÍTULO 7
EL ADOLESCENTE SOBREPROTEGIDO

Hoy en día, y aunque pueda parecer increíble, los peores enemigos del niño en países de bienestar o primer mundo son:

— No ser queridos por sus padres. Que los hay, aunque son pocos.

— Ser sobreprotegidos. Que son muchos.

La sobreprotección en este siglo, en que el acceso a lo más vital ya se da por supuesto y a veces se confunde con un derecho, está tan extendida que muchos padres no la distinguen. Pese a los síntomas claros que manifiesta, también en la adolescencia.

Unos padres sobreprotegen cuando no permiten que su hijo aprenda a hacer o haga lo que puede aprender o sabe. Por varios motivos:

— Miedo a que fracase en el intento y sufra.

— Como reacción a una educación rígida que los propios padres sufrieron.

— Por prisa. (Así una madre o padre abrocha el abrigo a su hijo pequeño para salir antes, sin dejar que este lo haga aunque tarde más).

— Para que el resultado sea mejor.

— Por el qué dirán. (Por ejemplo, un padre o madre que elija el jersey que su hijo tiene que ponerse para ir bien conjuntado —cuando ya tiene la edad de poder aprenderlo— con el fin de que al salir nadie pueda pensar lo mal conjuntado que va y por extensión lo mal que lo llevan sus padres).

— Porque consideran que aún no es capaz, equivocándose. Si realmente no lo es, no es sobreprotección, sino conocimiento de las posibilidades objetivas del hijo. No obstante, los padres suelen engañarse respecto a las capacidades de sus hijos para bien y para mal. Les sorprendería la capacidad que tienen sus hijos de aprender a hacer algo difícil, si encuentran quien se lo enseñe.

— Para evitarle el esfuerzo, ya que a los padres les cuesta poco hacerlo. Mucho menos que enseñarle. Es el caso del padre o madre que al ayudarle a hacer las tareas domésticas o del colegio a su hijo, acaba haciéndoselas delante del hijo, y sin que este haya aprendido a hacerlas por sí solo y sea por tanto incapaz de repetirlo.

Al adolescente sobreprotegido el exceso de atenciones le impide crecer en su propia individualidad e independencia. Encontrando, tarde o temprano, dificultades de adaptación social, familiar y personal.

La atención excesiva es gratificante en principio, pero perjudicial a la postre.

Todo niño y adolescente necesita ser querido por parte de sus padres. Si no, engrosará las filas de psicópatas o sociópatas. Pero el cariño ha de ser dosificado, como el alimento, según las necesidades y la constitución del individuo. Siendo tan perjudicial su escasez como su exceso.

El cuidado de los padres se debate entre la necesidad de protección a los hijos y la de dejarles valerse por sí mismos.

La sobreprotección constituye un obstáculo en el desarrollo del adolescente, que en lugar de prepararle para desenvolverse como tal, le incapacita.

El deseo de proteger de la madre sobre todo, y también del padre, al hijo, es algo innato en los animales en general, pero los animales no ayudan más de lo necesario, ni las crías se dejan sustituir más de lo conveniente.

La superprotección, el exceso de *mimos*, suele ser bien recibida por los hijos, en general, pero con frecuencia el hijo los rechaza, al darse cuenta de que coartan su personalidad, actividad y libertad.

La protección ha de estar dosificada y encaminada al bien del hijo. Así, cuando esta inhiba el desarrollo, pasa de beneficiosa a perjudicial.

La sobreprotección no es el cariño ni el amor. En el amor de verdad los excesos nunca son perjudiciales, sencillamente en el amor verdadero no hay excesos.

Pero la sobreprotección nada tiene que ver con el amor: ni en sus causas, en sus modos ni en sus consecuencias.

CAUSAS DE LA SUPERPROTECCIÓN
DE LOS NIÑOS Y ADOLESCENTES

Entre las causas más frecuentes por las que los padres sobreprotegen a su hijos, entre otras, destacan:

— *La incompatibilidad afectiva y sexual de los padres*:

Cuando no existe entendimiento en la pareja, satisfacción y realización marital, cada uno de ellos trata de volcarse sobre los hijos, de llevarse la totalidad del fruto de su unión. Tanto por el deseo de no perderlo, como -de una manera subconsciente casi siempre- para arrebatárselo al otro y demostrar al propio hijo que la ruptura o el deterioro de la relación entre los padres no se debió a la falta de cariño de quien ahora protege al hijo.

— *El niño no deseado*:

El niño no deseado en el momento de su concepción puede ser motivo de angustia e incluso puede acompañarse del deseo de que no nazca. Pero por un mecanismo subconsciente de compensación, puede aplicarse sobre él una clara sobreprotección, una vez nacido.

Esto mismo suele ocurrir cuando existen disturbios en la pareja o matrimonio, en la época en que el hijo fue concebido. A veces puede que el hijo fuera engendrado — conozco algunos casos— en circunstancias de desamor o incluso como venganza.

— *La inferioridad de algún tipo en el niño*:

El niño con alguna inferioridad, minusvalía, desventaja, o lo que los padres consideran tal, es lógico que sea atendido más delicada e intensamente, para compensar su desventaja concreta. Pero este exceso de vigilancia y atención puede ocasionar que su inferioridad se extienda a otros ámbitos y dar origen a una espiral progresiva de sustituciones que perjudicarán en general el desarrollo natural de las capacidades no mermadas del hijo.

— *El niño muy esperado*:

Los niños esperados durante tiempo, son hijos muy deseados y desde su nacimiento suelen ser objeto de superprotección.

— *El niño único*:

Los padres vuelcan sobre estos hijos la única oportunidad que tienen de colmar todas sus aspiraciones como padres restringidos.

— *Los hijos adoptivos*:

Con frecuencia son hijos sobreprotegidos, por el mismo motivo que el hijo único y el muy deseado. La espera largo tiempo de un hijo y la intensa preparación e ilusión, propicia una hipertrofia en la posesión y pertenencia del mismo cuando llega y de una manera lógica, se tiende a sobreprotegerle.

— *Padres inmaduros*:

Los padres inmaduros son personas adultas a las que no les dejaron madurar como consecuencia de una protección excesiva y al llegarles la hora de ser padres se muestran también sobreprotectores con sus propios hijos, como única forma que conocen de educar.

— *Padres dominantes*:

Son los padres que encuentran en su hijo el objeto de su propiedad donde plasmar sus caprichos. Igual que hacen con el resto de los miembros de la familia, cuando pueden.

Otros motivos frecuentes, suelen ser:

— Ser el primer nieto de una familia o el nieto preferido por diversas razones.

— Pertenecer al sexo diferente del resto de los hermanos.

— Ser el menor, cuando existe una gran diferencia en edad con respecto a los anteriores.

— Quedarse como hijo único tras la muerte de uno o varios hermanos. O por la marcha de casa de estos a estudiar, por ejemplo.

— Ser el más pequeño de una familia numerosa.

— Generar una especial compasión como consecuencia de la desgracia producida a alguno de los familiares o simplemente por reversos más o menos recientes.

— Haber estado mucho tiempo enfermo o padecer una enfermedad.

En la mayoría de los casos, el niño sobreprotegido es la consecuencia de la educación bien intencionada de los padres, que pretenden evitar las experiencias desagradables que ellos vivieron o que temen, si son padres angustiados, apocados o temerosos.

Veamos, a continuación, los modos en que suele darse esta sobreprotección de los hijos.

MODOS DE LA SUPERPROTECCIÓN DE LOS NIÑOS Y ADOLESCENTES

Los padres suelen sobreproteger a sus hijos:

— Dándoles todos los gustos, hasta los más absurdos.

— Evitándoles las intervenciones necesarias que le exijan vencer la timidez, caminar largas distancias o cualquier esfuerzo para lograr lo que necesitan.

— Permitiendo que se escapen a las obligaciones necesarias y convenientes a su edad.

— Dándoles con rapidez lo que no necesitan, adelantándose incluso a que lo pidan.

— Dedicándoles mucho más tiempo del que necesitan. Hoy en día no es el modo más frecuente, pero ocurre.

— Ejerciendo sobre ellos una vigilancia constante.

— Eligiendo todo por él.

— Anticipándose a sus deseos en comidas, vestidos, juguetes, etc.

- No permitiéndoles la participación en deportes o juegos de cierto riesgo.

- Justificando en la escuela cualquier falta de tareas, error de conducta o mala calificación.

- No dejándoles realizar labores de casa ni responsabilizarse desde temprana edad de libros, aseo personal, orden, cuidado de animales, etc.

- Ayudándoles en cuanto pueden en sus tareas escolares, acostumbrándoles a no hacerlas por sí mismos.

- No permitiéndoles salir con amigos a la edad oportuna.

- Intentando evitarles ser reñidos por vecinos, familiares y adultos que no sean ellos mismos, para tampoco corregirlos ellos.

- Interviniendo cuando el hijo tiene alguna disputa con un compañero o amigo.

- Corriendo con las consecuencias que correspondería al hijo, de los actos voluntarios de este.

- Disculpando la mala conducta del hijo ante otros adultos.

- Ocultando el mal comportamiento o malas calificaciones en la escuela o en casa al cónyuge, para que este no lo castigue o intente corregirlo.

- No corrigiéndoles, con el argumento de ser demasiado pequeños o ya demasiado mayores.

Éstas y otras manifestaciones presenta la protección, venga de uno de los padres, de los dos, de hermanos, abuelos o de otros familiares.

CONSECUENCIAS DE LA SUPERPROTECCIÓN DE LOS NIÑOS Y ADOLESCENTES

En cuanto a las consecuencias, aspecto importante para valorar la sobreprotección en un niño y en un adolescente, podríamos señalar las siguientes:

— La falta de adaptación social.

— Pueden ser objeto de la envidia de los demás compañeros o hermanos.

— Pueden sufrir ellos mismos celos.

— Sufren también inseguridad.

— Intolerancia a la frustración. Sobre todo, frustración ante la imposibilidad de controlar el tiempo cuando son adolescentes. Lo que quieren lo quieren en el momento en que lo desean y no toleran no poder adelantar o retrasar las cosas.

— Tampoco toleran bien la libertad de otras personas. Por ejemplo cuando se deciden por fin a proponerle salir a una chica y esta le niega.

— A veces, de niño o adolescente, el hijo sobreprotegido es muy educado socialmente, enseñado pacientemente a controlar sus impulsos. Puede no lloran ni reír abiertamente, por temor a ser considerado un niño o adolescente maleducado. Puede también procurar no estropear su ropa y no ensuciarse, para no ser regañado o no causar mala impresión.

— No establecen relaciones sociales nada más que con aquellos niños que considere que pueden ser del agrado de sus padres o previamente seleccionados por ellos.

— En la escuela puede costarles adaptarse, poco entrenados en el trato con niños sin autoridad ni adultos delante.

— Pueden ser niños calificados como «empollones» y marginados en la escuela o universidad.

— En ocasiones su conducta es completamente opuesta o diferente. Aunque es menos frecuente.

— La inmadurez e infantilismo son notas característi- cas de su forma de ser, al haber sido privados de los micro-traumas afectivos que le hubieran facilitado madurar.

— El exceso de protección conduce a una inhibición del desarrollo personal, a la asfixia de la personalidad.

— Los niños protegidos al convertirse en adolescentes, desprecian a sus padres por haberles sobreprotegido. Al comprobar que el mundo no los sobreprotege como lo han hecho sus padres, descubren la causa de que ellos no se defiendan bien ante las contrarieda- des y las dificultades de las que no pueden evadirse, vuelven contra sus padres su frustración y conside- ran a sus padres egoístas. Al contrario, los padres que le exigieron con cariño a los hijos cuanto eran capaz de dar, al madurar consideran a sus padres mucho más generosos, sabiendo que cuanto sufrieron con él y pacientemente le aguantaron, fue por su bien y por amor.

— Los padres que sobreprotegen, pasan su vida pendientes y sacrificados por los caprichos de los hijos, sin beneficiarles.

— Los padres pasan la vida entera sufriendo el desprecio y abuso de sus hijos, como consecuencia de haberles malcriado y haberles hecho egoístas, especialmente en su relación con ellos.

— Para cuando los demás padres ya recogen los frutos de la buena educación y el generoso amor de sus hijos, los padres sobreprotectores no llegarán nunca a recogerlos ni disfrutar de ellos.

CAPÍTULO 8
EL ADOLESCENTE AGRESIVO

Generalmente la agresividad busca conseguir algo para cubrir una necesidad o un capricho, o defender lo que considera propio.

A veces no es más que la respuesta defensiva frente al miedo. Una especie de huida hacia adelante. Semejante a la actitud instintiva de los animales que, al sentirse acosados o que por encontrarse fuera de su guarida y territorio seguro, se comportan agresivamente por inseguridad.

Podríamos preguntarnos si los adolescentes, cuando son agresivos, lo son por naturaleza y genética, o por educación e influencia del medio.

El ser humano es portador en sus genes de la capacidad potencial de poder responder con distintos tipos de agresividad ante los estímulos ambientales. Pero la frecuencia de estas respuestas, la intensidad de las mismas e incluso la sección de los estímulos que las desencadenan es algo que el sujeto ha de aprender y aprende en contacto con el ambiente.

Si bien es cierto que como consecuencia de la genética individual unas personas muestran, por su propia constitución, una tendencia más acentuada que otras a la agresividad. No obstante, se trata de una conducta modelada como consecuencia de la educación.

Fuera de enfermedad, las respuestas agresivas no pueden considerarse fruto de la herencia, sino consecuencia de la educación, el ambiente y la falta de dominio y autocontrol, también esta última consecuencia de la educación.

La agresividad es un impulso y una actitud.

¿CUÁNDO SE APRENDE LA AGRESIVIDAD?

Si es una cuestión de educación, ¿cuándo se adquiere?

Como toda conducta que se aprende, esta se adquiere desde el nacimiento. Pero los pilares fundamentales de la conducta agresiva se adquieren, sobre todo, entre los 2 y 5 años. Cuando el contacto familiar es más intenso y dependiente.

El 50% de la agresividad que presenta un adolescente, estaba presente ya a los 3 años de edad.

TIPOS DE AGRESIÓN

La forma como el adolescente manifiesta su agresividad es variada.

En ocasiones la agresión puede dirigirse contra los que se encuentran a su alrededor. Personas, animales o cosas. Para infligirles dolor. Otras veces ataca a las cosas de aquellos a los que quiere provocar el sufrimiento. Sabiendo que les molestará.Otras, con las costumbres o sentimientos de aquellos a los que pretende contrariar.

A menudo, la agresividad va dirigida contra sí mismo. Autoagresión la llamamos entonces.

Sea cual fuere el sujeto u objeto contra el que se ejerce la agresividad, esta puede ser física, verbal o gestual. De un tipo, dos o la combinación de las tres.

CAUSAS DE LA AGRESIVIDAD

Las causas más frecuentes de la agresividad adolescente son:

— No sentirse querido. Lo que no significa que no lo sea. Puede ocurrir que un niño o un adolescente, aunque sea muy querido, no perciba que lo es tanto como quisiera o no de la forma en que lo quisiera.

— No ser aceptado tal y como es. Se da cuando el adolescente cree que no se le aprecia por cómo es en realidad y en el presente, sino solo por la posibilidad de que cambie o por algunas cualidades externas que posee. Si piensa que solo cambiando se le apreciará, lo más probable es que reaccione ante esta presión con agresividad.

— No sentirse seguro. Una variante de la anterior.

— Haber estado sometido a una educación autoritaria, especialmente si ha predominado la agresividad física como amenaza o reacción ante la desobediencia. Algo parecido ocurre cuando la educación que el adolescente recibió fue predominantemente permisiva, y no aprendió a dominarse a sí mismo, sus conductas, ni a poseer la destreza del autocontrol necesario.

— Haber sido sobreprotegido y no haber necesitado

hacer grandes esfuerzos. No haber tenido la necesidad de emplear todos sus talentos, con esfuerzo, en lograr con lucha personal algo muy deseado. Los adolescentes cuando lo son, acaban descubriendo que de niños sus padres no le enseñaron a dominarse, a entrenarse en esfuerzos cada vez mayores capacitándoles para logros más valiosos cada vez. Al hacerlo se vuelven contra sus padres, a quienes culpan, con agresividad.

— Vivir desavenencias familiares. Entre los padres o los padres con el hijo adolescente. La reacción agresiva puede ser también contra los padres o contra sí mismo, en cualquiera de los casos.

— Causas de origen físico o biológico. Desencadenadas por malos tratos físicos o por enfermedades orgánicas.

QUÉ HACEN LOS PADRES PARA CORREGIR LA AGRESIVIDAD

Muchos padres dicen ante la agresividad de sus hijos adolescentes, que lo han intentado todo sin éxito. Por las buenas y por las malas.

Por las malas: Como medida a muy corto plazo, el uso de la fuerza para cortar la agresividad surte efecto. A veces incluso es un método obligado. Por ejemplo cuando un hijo blande un cuchillo amenazantemente y es necesario cortar por lo sano. Pero al final no sólo no es eficaz, sino contraproducente.

— Porque con frecuencia, el hijo se acostumbra a los malos modos e incluso a las agresiones del tipo que sean.

— Porque el adolescente aprende a emplear la agresividad como método, cayéndose en una espiral descendente.

— El padre que se sobrepasa, se muestra agresivo y además injusto.

— Genera rencor, odio y no agradecimiento.

— El adolescente al que se le castiga *por las malas* por su agresividad, no interioriza la causa de la reacción de los padres ni su propia culpa, sino que se centra en su venganza. Más, cuanto más intensa es la reacción de los padres.

Por las buenas: Que a veces también es «*por las blandas*». Los padres tolerantes en exceso, permisivos, utilizan el cariño y la tolerancia contra la agresividad de sus hijos adolescentes. Como consecuencia, de esta reacción, los hijos suelen sentirse frustrados y pierden buena parte de la seguridad en sus padres.

En estas ocasiones, el adolescente suele redoblar la agresividad para conseguir lo que busca. A este respecto, Alain escribió: «*Una tolerancia demasiado indulgente hace al hijo insoportable. Un control demasiado represivo, lo vuelve demasiado represivo, privándole del espíritu de lucha, de iniciativa, de combatividad y de inserción en lo real. Hay que enseñar al niño a eliminar sólo los aspectos socialmente intolerables de su agresividad, aprovechando al máximo la espontaneidad y el espíritu emprendedor que le aporta*».

POR QUÉ NO SE CONSIGUE MUCHO
CON ESTOS MÉTODOS

Porque, sencillamente, en educación no hay que ser demasiado *buenos* ni demasiado *malos*, sino justos y equitativos, buscar el bien del hijo tanto a corto, como a medio y largo plazo.

¿Cómo se lograría? Igual que se confeccionan los mejores vestidos y trajes. Que se adaptan al cuerpo que los lleva. Confeccionados a su medida. Para lo que han de ser obra de un buen sastre y diseñador. Que tenga en cuenta el individuo singular y las circunstancias en que deberá llevar el traje.

Se comprueba que los adolescentes menos agresivos son los que proceden de hogares donde los padres saben mantener su equilibrio, no pierden su serenidad, no actúan afectivamente sino a través de la razón, del control de sí mismos y con amor. Desinteresada y eficazmente para el bien del hijo. Sin dejarse manipular por el hijo. Sin dejar que el adolescente se salga siempre con la suya ni obtenga por su terquedad lo que intenta conseguir y no le conviene.

Todos los adolescentes muestran en algún momento brotes agresivos, fruto del proceso inevitable en que se encuentran, de inseguridad y sufrimiento, pero no todos son violentos.

CAPÍTULO 9

EL ADOLESCENTE VIOLENTO

La violencia consiste en actuar contra alguien valiéndose de la fuerza o la intimidación.

Dada su importancia en la actualidad, como fenómeno no solo entre adultos sino entre adolescentes, le dedicaremos un capítulo diferenciado de la agresividad, que es más natural, involuntaria y menos dañina.

El adolescente agresivo es propenso a faltar al respeto, a ofender o a provocar a los demás. El violento, sin embargo, está fuera de su estado normal y entra en la anormalidad degenerada del ser humano. Al igual que con la agresividad, si nos preguntáramos sobre el origen de la violencia (innato o adquirido), deberíamos decir que no es innato.

Innata sí es la necesidad y voluntad de defenderse, pero la violencia es una respuesta adquirida y, por consiguiente, un fenómeno aprendido. La violencia no es sino una caricatura equivocada y negativa de la defensa necesaria.

¿CUÁNDO COMIENZA A MANIFESTARSE?

Como variante defensiva, aparece al poco de nacer. En cuanto empiezan los ataques o insultos del medio que le rodea. Pero como violencia propiamente dicha, empieza a manifestarse algo más adelante. Dependiendo de la forma de ser del niño y de la cantidad o intensidad de los estímulos desencadenantes.

Cuando el medio externo o algunos de sus componentes son agresivos y violentos, es lógico que las respuestas del adolescente violento tengan una pronta aparición en su conducta. Igual que los niños irritables responden más rápida e intensamente que los plácidos y tranquilos.

¿PUEDE CONSIDERARSE POSITIVA LA VIOLENCIA EN ALGUNA CIRCUNSTANCIA?

De ninguna manera. La violencia nunca es positiva, porque obliga por la fuerza a algo que no se haría sin esa fuerza y coacción. Y de por si eso ya tan es indigno y dañino para la víctima como para quien ejerce la violencia.

El uso de la violencia supone ya un paso en la maldad de la que es capaz el ser humano y con la que se denigra.

VIOLENCIA Y SEXO

La violencia tradicionalmente se ha atribuido más al varón, desde el punto de vista cuantitativo como cualitativo. En el que parece darse con mayor frecuencia e intensidad.

Pero esto no puede confundirse con la tendencia genética. En ambos sexos la potencialidad genética de la violencia es muy similar. Es la educación recibida en la familia, la escuela y el entorno del adolescente, la que es diferente en los violentos y en las violentas. La educación es la que hace que la violencia progrese como respuesta empleada por el individuo.

La diferencia de sexo es menos determinante de lo que se cree para que se desencadene el uso de la violencia. Las diferencias genéticas entre hombres y mujeres no son tan radicales como a veces se piensa.

La conducta en ambos sexos se parecería mucho si la educación recibida no se diferenciara en este aspecto. Quizá la violencia masculina fuera algo más física y la femenina más psicológica. Pero sería violencia. O ni siquiera en eso se distinguiría, si la educación en verdad fuera la misma.

¿ES LA VIOLENCIA UN FENÓMENO NORMAL?

Hay quienes no le dan importancia a la violencia infantil, quienes incluso consideran que es un síntoma de socialización. Argumentando algo así como que *el niño que se pelea, usa la violencia con otros niños como consecuencia de su inmadurez, pero con miras a establecer relaciones más sociales el día de mañana, que el niño emplea la violencia con otro niño para entenderse, mientras que el adulto la emplea cuando no se entiende.*

Sin embargo, lo cierto es que el niño comienza a emplear los gritos y la fuerza para protestar, como consecuencia de su pobreza de lenguaje e inseguridad.

La violencia, cualquiera que sea su manifestación y edad es un fenómeno negativo, de maldad, ante el que ningún padre, familia, profesor, escuela ni institución social debe dejar de actuar de la forma más eficaz y temprana posible. Inevitablemente. Por supervivencia, justicia, y porque, si no lo hace, estaría colaborando a la propagación de la violencia, ya que cada acción violenta engendra una reacción de mayor violencia.

En definitiva, la violencia es una cuestión de educación. Si el adolescente ha sido educado de forma que responde a la contrariedad y al temor con violencia, se hace más necesario reeducarle cuanto antes. Para que encuentre otras formas de manifestar su frustración, sin hacer a los demás culpables de lo que solo él es responsable.

CAPÍTULO 10

EL ADOLESCENTE TÍMIDO

Timidez es la incapacidad parcial del individuo a manifestarse tal y como es, por la simple presencia de otra u otras personas

Una legendaria enciclopedia la definía como la *«sensación involuntaria y a veces casi paralizante de vergüenza, embarazo, falta de confianza o inseguridad en presencia de otra persona, especialmente si son desconocidos o miembros del sexo diferente. Puede afectar tanto a los jóvenes como a los adultos, aunque predomina en los adolescentes, cuando los jóvenes entran en una nueva vida social y comienzan a relacionarse con el sexo contrario».* (*La Gran Enciclopedia del Mundo*)

La timidez, por tanto, reclama la presencia de alguien que produzca esta inhibición. De ordinario se trata de personas mayores, extrañas o de distinto sexo.

«El tímido es un enfermo de la voluntad —llegó alguien a definirlo—, pero únicamente cuando tiene que obrar en presencia de los demás. Es un abúlico social. Lo que le hace perder su control es precisamente la presencia de los demás, cuando por cualquier causa los considera superiores o extraños. En ocasiones basta la simple presencia de un niño o de un inferior, para que se ponga de manifiesto la timidez.»

Los tímidos son niños o adolescentes que no crean

problemas en la escuela y se dedican con mayor intensidad a la realización de los ejercicios en solitario, donde no tienen que participar en grupo o cara a los demás.

Suelen encerrarse en sí mismos y antes de protestar, prefieren sufrir las molestias de los demás y hacer de víctima. Se dan por vencidos antes de entablar ninguna disputa física.

Pero esto, que puede pasar desapercibido o como una condición natural ante los demás, no es tan inofensivo para el propio adolescente tímido, que lo sufre en su intimidad en forma de temor o de ansiedad. En ocasiones no puede soportarlo por más tiempo y sus salidas agresivas suelen ser violentas y desproporcionadas. Otras veces prefieren la huída y la fantasía, la ensoñación, como medio para compensarse.

Como tienen necesidad de hacerse valer de algún modo, no es extraño que recurran al estudio o a la sumisión del profesor en la escuela o al del líder del grupo. Lo que con frecuencia le ocasiona mayores problemas.

Aunque ocurre menos, a veces cambian de táctica y huyen de la protección del profesor y dejan de estudiar.

Con todo, algunos tímidos, para evitar las consecuencias de su timidez, se centran en sus tareas escolares o universitarias, alcanzando grandes calificaciones y premios. Pero otros se manifiestan perezosos y ocupan los últimos puestos, dando la sensación de ser poco dotados y quedando ignorados por profesores y compañeros, que es lo que buscan.

Entre clase y clase suelen ser huidizos, no juegan en equipo y prefieren juegos en solitario o con participantes escasos. No suelen adherirse al grupo ruidoso por iniciativa propia, sino que suelen huir precisamente de estos grupos intentando evitar que reclamen su participación.

El adolescente tímido es fácilmente detectable y sin duda hay que acudir a su encuentro para proporcionarle ayuda.

CAUSAS DE LA TIMIDEZ

Aunque suelen ser muy variadas, podríamos destacar:

Una inadecuada intervención de los padres:

— Muchos padres, al darse cuenta de lo negativo que puede resultar el comportamiento tímido de su hijo en el futuro, suelen manifestarse contrariados y en lugar de actuar contrarrestando esta anomalía, pretenden atajarla con impaciencia, atacando al propio adolescente. Con lo que aumentan la timidez del hijo, en lugar de ayudarle a superarla.

— A veces la respuesta impaciente de los padres se debe a temer reflejarse en su hijo lo que ellos son o sufrieron por su propia timidez. Quieren evitarla lo antes posible y esta respuesta precipitada de querer solucionarla sin conocer cómo lleva al aumento de la timidez.

— Otras veces es la consecuencia de haber sido regañados o cohibidos de manera desmesurada. Por los adultos o por otros niños. Estas reprimendas fueron interiorizadas de tal manera que, años más tarde, la simple presencia de los que representan la autoridad, les recuerda al adulto que le regañaba y aquellas situaciones y les incapacita para actuar con la libertad que debieran.

— Esto ocurre con frecuencia en niños educados por padres y abuelos exigentes y autoritarios, que no han consentido la expresión espontánea de los niños o han corregido con demasiada intensidad pequeñas confusiones o salidas de tono del niño.

El miedo a perder el cariño o la protección del adulto es otra de las causas de la timidez en los niños y adolescentes:

— Les ocurre a los demasiados sumisos por naturaleza y a los que encuentran bajo la custodia de personas que ante el error responden con amenazas como la retirada del cariño.

La sobreprotección:

— Una excesiva protección y cuidados, que evite el desarrollo individual adecuado, puede conducir a una buena adaptación socio-familiar cuando niño, pero al crecer producirá la timidez, por falta de experiencia personal, por falta de aprendizaje social.

— Los adolescentes que fueron objeto de un exceso de atenciones, cuando salen de la protección familiar y se enfrentan con el ambiente social, están más predispuestos a recibir órdenes y ser guiados. En consecuencia, temen actuar ante otros por iniciativa propia.

La carencia afectiva:

— Los niños con falta de afecto por parte de sus progenitores adquieren con frecuencia inseguridad no solo frente al cariño de sus padres, sino frente a su propia conducta. A la que precisamente consideran la causa de la falta del cariño de sus padres.

— Esta actitud comienza en el hogar y al ir haciéndose mayor, se extiende al medio en que se desenvuelve el adolescente.

Timidez por identificación con los padres:

— La causa más frecuente de la timidez de los hijos es la propia timidez de los padres. Incluso la que pretenden ocultar y los hijos perciben.

— En ocasiones, los padres tímidos, deseando que sus hijos no padezcan la timidez que ellos sufren, reclaman del niño participar activamente en la sociedad, incluso alcanzar puestos relevantes en el medio en que se desenvuelven o los estudios, para sobresalir de algún modo. Pero esto conlleva la posibilidad de un fracaso que profundiza aún más la timidez.

— Incluso los propios padres que fracasaron en sus intentos de conseguir puestos relevantes y se comportan con timidez, creen que si sus hijos lo logran en su lugar, ellos mismos se sentirán en parte liberados de la angustia o pesadumbre de la timidez que padecen.

Insuficiencias físicas:

— Algunos adolescentes con insuficiencias físicas, pueden creer que tienen menos capacidad para enfrentarse a los demás de su edad. Se predisponen así a un comportamiento tímido. Y lo que es más curioso, en ocasiones la propia timidez es la que crea en el adolescente, en el plano psicológico, las deficiencias que desea para no tener que enfrentarse con la realidad del momento y los demás.

LA TIMIDEZ, ¿CUESTIÓN DE HERENCIA?

Muchos han atribuido a la herencia la causa de la timidez, apoyándose en:

—La frecuencia con que de padres tímidos nacen hijos que lo son.
—La precocidad con que aparece la timidez, desde los primeros meses de nacimiento.
—Y por rasgos de timidez muy semejantes entre los padres y sus hijos.

Pero no es suficiente. En realidad existe una predisposición, un potencial genético, que predispone a los hijos de padres tímidos a presentar la timidez ellos mismos, en comparación con los hijos de padres que no lo son. Pero para convertirse en tímido, es estrictamente necesario el concurso del ambiente social.

Por mucha predisposición genética que se tenga, sin la intervención del ambiente, quien potencialmente podría ser tímido no desarrolla timidez alguna.

IMPORTANCIA DE LA TIMIDEZ

La timidez no ha recibido —en términos generales— la atención que le corresponde ni la importancia que merece. Incluso en ocasiones se prefiere tener un hijo tímido a uno descarado, espontáneo, que puede llegar a ser inoportuno.

De hecho, a muchos tímidos se les alaba el ser tan callados, reflexivos, prudentes, buenos...

A menudo los niños que muestran sonrojo ante los extraños pueden parecer bien educados y los desenfadados «*sinvergüenzas*», y así se les califica.

Hasta hace poco muchos educadores lo consideraban un defecto que solía pasar con el tiempo, por sí solo. Aún hoy muchos lo piensan. Pero aunque es cierto que con el tiempo da la impresión externamente de que la timidez desaparece o se mitiga, no lo hace para el sujeto que la padece, ni sus consecuencias.

El hecho es que la timidez impide la real comunicación del ser humano con otros seres de los que depende para su felicidad. De ahí su radical importancia.

CAPÍTULO 11
EL ADOLESCENTE
QUE MIENTE

El adolescente que miente, está en apuros. Pide auxilio. Y los primeros que han acudir en su auxilio son sus padres. Pero a menudo fracasan en su tarea. Generalmente porque no aciertan a educarles en la veracidad, por falta de ejemplo o de reflexión.

Los adolescentes de nuestro siglo viven entre adultos que mienten a menudo. En un mundo en el que la mentira abunda y se triunfa con ella. Con ella se alcanza dinero, éxito social y posición laboral.

Muchos adultos les dicen que no deben mentir, pero mienten en su presencia descaradamente por las razones más banales: por comodidad, para no ponerse al teléfono, para no encontrarse con alguien, para no dar explicaciones, para no quedar mal...

Los hijos adolescentes ven a menudo cómo sus padres mienten para salir airosos de situaciones difíciles. Así aprenden que la mentira es un medio útil y necesario para triunfar en la vida y para convivir sin compromiso. También en las relaciones familiares, deducirán los adolescentes.

Los hijos que presencian a menudo cómo sus padres mienten, inevitablemente no podrán estar seguros nunca de que sus padres no les mientan también a ellos cuando lo necesiten. Y acaban desconfiando de sus padres.

No basta con no mentir delante de los hijos. Los hijos, y en especial los adolescentes, tienen un olfato muy fino para distinguir cuando los padres buscan y defienden la verdad o cuando se trata solo de apariencia.

Aún más, no basta con no decir mentiras delante de ellos. Sino que es preciso evitar las medias verdades y los tabúes, que tanta desconfianza siembran en los hijos.

En innumerables ocasiones las mentiras parecen a su alrededor útiles y rentables. Pero no lo son a la larga. Porque una mentira engendra otra. Y acaban engendrando sufrimiento e irrealidad.

¿POR QUÉ MIENTEN ELLOS?

— *La causa principal de las mentiras de los adolescentes es el miedo.* Por eso los padres que quieran que sus hijos no les mientan, deberán asegurarse que no le temen a nada.

En muchas familias las calificaciones escolares, los amigos y pandillas, el consumo de alcohol y otras drogas, el horario de vuelta a casa y la discusión sobre su valía o no, sobre su personalidad, su madurez y sobre su responsabilidad, constituyen el eje de la preocupación diaria. Pero a veces hasta lo perjudicial para el adolescente y para la familia entera.

A menudo las discusiones familiares fraguan verdaderos dramas, pequeñas o grandes tragedias familiares. Las madres estallan en lágrimas, los padres en arrebatos de cólera. O al revés. Lo cierto es que muchos adolescentes reconocerían sus errores sin dificultad y escucharían la propuesta de remedios para sus errores.

Pero las reacciones de los padres les empujan a falsificar notas, ocultar amigos, ocultar dónde van, con quién, hacer desaparecer pruebas de sus hechos, falsificar la firma de sus padres, irse de casa, ocultar embarazos, suicidarse. No por miedo a correr con las consecuencias, sino por miedo a la reacción de sus padres. Que es peor.

— *También mienten cuando sienten lástima de sus padres*. Ocurre cuando los padres creen que sus hijos son incapaces de hacer algo malo. «¡Mi hijo no ha podido hacer tal cosa!», sospechan que dirán sus padres.

Los hijos no son ángeles. Recordemos a Pascal: «*El que pretende hacer del hombre un ángel, se encuentra al final con un demonio*». Como son seres humanos y aún a medio hacer, es lógico que mientan cuando oyen a sus padres afirmar su inocencia.

Como veremos en unos capítulos más adelante, los padres deben tener una gran confianza en sus hijos, pero no ciega. También los hijos pueden tener tentaciones y caer en ellas, como los padres.

Los adolescentes pueden afirmar su inocencia angelical, cuando sienten compasión por sus padres. Para no enfrentarlos con la realidad de su ingenuidad y su decepción. Por ello intentan desempeñar el papel de ángeles que sus padres les han otorgado.

— *Mienten cuando se les exige demasiada franqueza.*

Cuando los hijos eran pequeños, sus padres conocían bastantes detalles de su vida y esto les tranquilizaba. Pero al crecer, fueron desarrollando su mundo interior, su intimidad, con pensamientos que ya no les confían, con proyectos, deseos y experiencias que ya solo cuentan a aquellos que eligen como confidentes. Y a veces esa elección no recae en los padres, sobre todo, no recae en aquellos padres que creen tener el derecho a la confianza de su hijo y que intentan obligarle a la confidencia, con amenazas o con pena.

Cuanto mayores son los hijos, más les gusta tener secretos. Cuyo contenido no tiene muchas veces especial importancia. Porque lo que les importa es el secreto en sí.

Los adolescentes no quieren ser transparentes. Necesitan rincones oscuros, en sentido literal y metafórico. Entonces muchos padres se sienten inseguros, porque ya no pueden ver con total transparencia la vida de su hijo. E incluso montan un sistema, más o menos torpe, de vigilancia.

El impulso a ocultar la intimidad, se manifiesta también en la escritura de diarios, a quienes cuentan lo que no se atreven a contar a sus padres. Por eso conceden tanta importancia a un diario que se pueda cerrar con llave.

Desgraciadamente son muchos los padres que no respetan la intimidad de sus hijos, de la que hablaremos en el capítulo que sigue. No controlan su propia curiosidad. Y leen su diario o sus cartas, email, mesenger, facebook, tuenti… Con la disculpa, aparentemente pedagógica, de que deben saber lo que ocurre con sus hijos, para evitar que le suceda alguna desgracia.

Pero por la experiencia escuchada a cientos de adolescentes, esta es la manera más común de ruptura de confianza entre padres e hijos. Este comportamiento cuando es descubierto por el adolescente destruye la confianza de los hijos en los padres y dificulta, por ello, su influencia educativa. El resultado es que quien pide demasiada franqueza a un adolescente, provoca sin querer la mentira.

También hay otras causas por las que los hijos mienten. Entre ellas:

— *El afán de notoriedad.*

— *Provocar preocupaciones a los padres.* Sobre todo, en aquellos niños que se creen poco amados, que se consideran en desventaja ante sus hermanos más queridos. O que son poco atendidos.

— *Por una necesidad de castigo*, inconscientemente. Buscan ser castigados por algo. Esto les ocurre a niños o adolescentes neuróticos, es decir, psíquicamente enfermos, que han de ser tratados por especialistas.

— Otros niños y adolescentes psíquicamente enfermos, sufren a causa de la *pseudologia phantastica* un impulso enfermizo, por el que cuentan como sucesos reales lo que no es más que un producto de su imaginación, especialmente en torno a otras personas. Se da más de lo que uno pudiera imaginar (tuve un jefe así). En estos casos, los síntomas son tan claros, que los padres no pueden confundir estas mentiras, nacidas de la enfermedad, con las mentiras normales que suelen darse en todos los niños y adolescentes sanos psíquicamente.

¿QUÉ DEBEMOS HACER?

Lo primero que debemos recordar es que el adolescente recurre con gran facilidad a la mentira cuando se encuentra en un apuro. Por tanto, los padres no deben sobresaltarse cuando mientan.

— Deben preguntarse: ¿por qué miente?, ¿qué busca?, ¿qué oculta?

— Si sorprenden al hijo en una mentira, deben saber que le resulta muy difícil confesarlo. Intenta, por el contrario, escabullirse con nuevas mentiras, más si no confía en la equidad de sus padres. Hasta que no le quede ninguna salida. E incluso entonces, los adolescentes sienten como si tuvieran un nudo en la garganta, de forma que no pueden pronunciar ni una palabra. Lo que es señal de que no están preparados para hacer grandes confesiones.

— Debe haber una gran confianza para que un hijo confiese su culpa a los padres, una confianza que los padres no deben presuponer como evidente. Son los hijos los que la deben otorgar, de su propia voluntad, y solo lo harán cuando los padres la hayan merecido durante los años precedentes, gracias a su paciencia y a su prudencia.

¿Ha de castigarse por mentir?

— La educación de los buenos padres pretende que los hijos amen la verdad y no que teman las consecuencias de la mentira. Los golpes, el grito, la ira no enseñan amor ni ningún otro valor.

— No es sincero el hombre que no puede mentir, sino el que no quiere mentir y no miente.

— Cuando un hijo ha hecho algo indebido, se le debe preguntar sobre ello y si confiesa su culpa, no castigar. Porque haber dicho la verdad requiere ya un esfuerzo y el reconocimiento de la mala acción.

— Los padres entonces, después de reconocerle la sinceridad y su agrado por el valor que conlleva el hecho en sí de decir la verdad, deben pasar a ayudar al hijo a diseñar cómo reparar las consecuencias de su errada acción. Por su mala conducta no hace falta más que asumir las consecuencias y reparar lo dañado. Por la buena acción de decir la verdad, debe recibir nuestro reconocimiento. No hace por tanto falta castigo en este caso.

— Pero supongamos que un hijo niega haber cometido una mala acción, a pesar de las invitaciones a decir la verdad. En este caso los padres deben presentarle al hijo las pruebas de su mentira, no solo la sospecha. Si se mantiene obstinado en su mentira, es conveniente no castigar inmediatamente, sino conceder al hijo un periodo de reflexión, hasta el día siguiente. Entre un día y otro queda una larga noche. Cuando el hijo esté acostado, puede sentarse la madre sola o el padre solo, en su cama o desde el quicio de la puerta de su cuarto, hablarle de otra cosa insustancial y después, animarle a decir la verdad. Si todo esto no sirve, el niño merece entonces un castigo. Siempre que estemos seguros de la mala acción.

Los hijos han de experimentar en casa el amor a la verdad y el gozo de vivir entre personas que confían unas en otras.

— A los mejores padres del mundo puede escapárseles alguna mentira. En realidad hay ocasiones en que la mentira salta, tan veloz que no da tiempo a pararla. ¿Qué hacer entonces, cuando los hijos han presenciado la mentira de los padres?

— Hay padres que no quieren reconocer su culpa ante sus hijos, porque temen que al confesar una debilidad, su autoridad disminuya.

— En verdad ocurre lo contrario. Nada socava tanto la autoridad como representar el papel de padres perfectos sin serlo. Y, a la inversa, la honrada confesión y el sincero arrepentimiento ante una equivocación, no quita a los padres ni una pizca de autoridad auténtica. Al revés, así los padres dan un ejemplo necesario de cómo poner las cosas de nuevo en pie tras una actuación culpable.

La veracidad exige también que delante de los hijos los padres mantengan una conversación clara y abierta. Sin doble lenguaje porque estén los hijos delante y los padres deseen que no se enteren del todo. Y evitar también hablar en voz baja, por tratarse de asuntos de mayores.

Igualmente exige que los padres respondan a todas las preguntas de los hijos con el mayor esmero posible. Los hijos deben ser tomados en serio. Si no lo hacen, no se podrán quejar de que sus hijos no muestren interés por nada o no pregunten a los padres nada en la adolescencia.

Hacer partícipes a los hijos de los propios secretos de los padres. Buscar los momentos de familia para contar secretos que no hacen daño.

No olvidemos que cada mentira es la madre de otras. Para salvar la primera mentira el hijo sigue mintiendo hasta que se ve enredado en una red de la que ni él mismo puede librarse.

Además, cuando un hijo ha comenzado a utilizar la mentira como instrumento útil, corre el riesgo de que se acostumbre a operar con ella en todo. Pasando de un mentiroso ocasional a un mentiroso habitual.

El hijo que miente roba. Es una vieja experiencia. Cuando la voluntad se tuerce, la costumbre y la conducta se tuercen también, arrastradas por la misma inseguridad hacia el derrumbamiento. Y, a la inversa, cuando un hijo dice la verdad, se afirma al mismo tiempo en todos los demás valores.

CAPÍTULO 12

LA IMPORTANCIA DE SU INTIMIDAD

La protección de la intimidad es un instinto del ser humano que le mueve a intentar guardar lo que considera de valor personal. Mediante la intimidad, el individuo en general y el adolescente en particular, pretende ocultar algo de sí mismo al conocimiento de los demás o de alguien concreto.

A veces el hijo adolescente desea intensamente proclamar algo a los cuatro vientos y al tiempo teme que alguien pueda ridiculizarlo, traicionarle con la información o malinterpretarlo y ante ese temor calla. Pese al dolor del silencio.

A veces lo que quiere es ocultar solo una parte de algo y eso le impide contarlo, para no tener que desvelarlo todo si le preguntan y verse obligado a desvelar lo que prefiere ocultar. También calla en este caso.

A veces no encuentra el momento oportuno que desea encontrar y lo busca con ansiedad. Pasado un tiempo, duda de la oportunidad, se acostumbra a callar y lo hace para siempre.

Y a veces callan porque hay cosas que se quieren callar, o no se quieren reconocer ni recordar siquiera. Lo que le avergüenza.

Todo ello se encarga de custodiar la intimidad. Necesaria para evitar una mayor vulnerabilidad del afecto humano y del concepto sobre sí mismo que los demás puedan tener. A veces ocultar la intimidad sirve para intentar parecer mejor. Algo por tanto vital para el prestigio, el aprecio: la autoestima.

La intimidad ha existido en todas las civilizaciones, en todas las culturas, pueblos y personas. Con la cultura cristiana pasa a ser virtud: el *pudor*. Pero lo que varían de una cultura a otra, de una época a otra, son sus manifestaciones. Colectiva e individualmente.

La intimidad tiene su origen en el instinto sano del ser vivo de ocultar y proteger lo que considera decisivo e importante.

Para el adolescente, como para todo individuo, la reserva de su intimidad es garantía de higiene mental y equilibrio psíquico. La pérdida de la misma es causa de trastorno a la larga.

La intimidad no solo se refiere a los hechos privados, sentimientos, cuerpo, sino a mucho más: deseos, ilusiones, afectos, valores, fantasías, lo que no se debe airear para no ser agredido o traicionado... Es decir, la vida interior y la de quienes más se ama y conoce.

En los últimos años no se ha valorado como merece y necesita el ser humano y adolescente. Apenas se cotiza en los medios de comunicación. Al contrario. Más se cotiza la falta de intimidad. Es lo que mejor pagan algunos. La intimidad se ha convertido en la única moneda de cambio de muchos famosos que no encuentran nada más que ofrecer que deseen comprar las cadenas televisivas. En ocasiones a alguien puede parecerle incluso que la intimidad ya no es un valor en sí. Solo por lo mucho que nos ha ocultado su brillo y lo mucho que se gana poseyéndola.

La intimidad se ha convertido en el único negocio sustancioso de muchos. Y es que, como dicen algunos, «*el morbo vende*». Pero vende cuando el ser humano ya se ha rebajado y desconoce el valor que tiene. *El morbo vende* y se compra cuando el vendedor ya no se valora él mismo y el comprador empieza a no hacerlo.

Muchos desconocen que su mayor valor precisamente se haya protegido dentro de su intimidad. Por eso la venden a cambio de dinero. Aunque todo el dinero se empequeñece cuando quien vende lo más íntimo sale a la calle y comprueba que con quienes se encuentra, conocen la intimidad que vendió, pero desconocen cómo es realmente.

Lo sé porque he escuchado la desconsolada confesión de algunos en esa irreversible situación.

Conozco a varios famosos que han vendido lo que no deberían de su intimidad por miles de euros. Y otros que no lo han hecho. Los primeros se justifican, pero me reconocen al cabo del tiempo envidiar intensamente a los segundos por no haber caído en la comercialización fácil de su intimidad. Los segundos no envidian a los primeros porque la valía y autoestima de alguien en buena parte se conserva en su intimidad. Si no se conoce su real valor, se desprecia. Despreciándose así a uno mismo.

Esto es realmente trágico en el caso de algunos adolescentes hijos de famosos de quienes han aprendido a vender su intimidad como único valor de mercado que poseen lamentablemente el más valioso. Al hacerlo, se autodestruyen y limitan su felicidad en el presente y en el futuro.

Con independencia de la cultura, la reserva de la intimidad es uno de los valores más humanos. De los que distinguen al hombre del animal.

La salvaguarda de la intimidad no es represión, timidez, ñoñería, mojigatería, ingenuidad ni falta de naturalidad o autenticidad. Nada negativo. Al contrario, reservar la intimidad es signo de voluntad, control, libertad... Un ejercicio sano que todos hemos de hacer. Proteger y salvaguardar la intimidad, sin exponerla a quien no sea necesario. ¿En qué y cuándo?

— En lo que se siente y se deseamos con ilusión o pasión.

— En lo que se dice.

— Al hablar sobre lo que se piensa.

— Sobre lo que se quiere.

— Sobre lo que se hace, se hizo o se espera hacer.

— En el baño cuando uno se asea.

— En el dormitorio.

— En la piscina o la playa.

— De acampada.

— En las fotos propias, de la familia o con amigos.

— Al contar anécdotas de la familia u otras personas implicadas.

— En lo que se cuenta a través de las redes sociales donde se interviene.

— En todo.

Porque la intimidad es realmente lo que se es y lo que se guarda. Algo importante que no se debe poner al alcance de cualquiera.

Lo que se ha de guardar con más celo y ante más personas, cuanto más consciente es cada uno del valor que se tiene y tiene lo que se piensa, siente y quiere. O se puede llegar a tener si se cuida.

Por eso los padres han de respetar la intimidad de sus hijos. Sagrada. Enseñarles a salvaguardarla explicándoles la importancia que tiene. Dándoles el ejemplo de cómo se hace.

Para eso, es imprescindible que los padres respeten lo que sus hijos piensan, sienten, desean y quieren. Lo que son y lo que desean ser.

El hijo aprende a reservar su intimidad si experimenta cómo sus padres la respetan sin inmiscuirse en sus pensamientos profundos sobre personas, o sobre lo que siente, hace o desea. Si sabe que son sus padres los que esperan a que sea él, si quiere, quien lo cuente, si necesita hacerlo. Ese hijo aprende sin duda que cuando tenga que pedir consejo, lo ha de hacer a sus padres. Que son los únicos capaces de no traicionar sus miedos, preocupaciones, sufrimientos, ilusiones, lo que desean y no desean ser.

CAPÍTULO 13
LA CONFIANZA Y EL DIÁLOGO

La confianza y el diálogo entre padres e hijos, entre individualidades diferentes y caracteres distintos, es de por sí una tarea difícil. Más en la adolescencia. Etapa en la que el hijo está desarrollando con celo su propia identidad.

Sin embargo, es en la adolescencia donde confianza y diálogo son más necesarios si se quiere conservar la paz familiar y preparar adecuadamente al adolescente para formar su propia familia y entenderse con sus propios hijos.

Tanto la confianza como el diálogo no se pueden imponer, sino que se ganan y conquistan poco a poco, especialmente durante el inicio de la adolescencia, donde por naturaleza se distancian los vínculos familiares.

Sin confianza se hace imposible establecer un diálogo básico que permita el entendimiento y la comprensión mutua de padres e hijos. Se podrá conversar, discutir o pelear, pero no dialogar.

La confianza entre padres e hijos debería ser tan intensa y práctica, que no debería existir duda alguna de cuanto se dicen. Este rasgo define la auténtica confianza.

Los padres han de tener en cuenta que uno de los golpes más duros que pueden dar a sus hijos es la desconfianza. Por el contrario, la confianza les otorga seguridad en sí mismos, un sentido más amplio y profundo de la responsabilidad y les «obliga libremente» a que su comportamiento mejore y sea consonante con el deseo de los padres.

La confianza no es una cualidad humana implícita en el individuo, sino que se adquiere y enriquece con la praxis diaria. Los hijos la adquieren a través de la actuación de los padres.

¿CÓMO?

Es a través del ejemplo como el hijo adquiere la confianza en sus padres y, en consecuencia, el deseo de conocer su opinión y puntos de vista y con ello, su necesidad de diálogo.

En la adolescencia el adolescente siente que necesita oír las opiniones de sus padres, aunque sea para contrastarlas con la suya propia. Durante la adolescencia, el hijo tiene más necesidad que en ninguna otra etapa de su vida, de confiar en sus padres.

Los padres deben adelantarle la confianza como si nunca les hubiera traicionado, como si nunca pudieran hacerlo si actúan con libertad y reflexión. Como si no hubieran errado nunca. Porque en realidad si lo hicieron, fue en el pasado.

Para que un hijo adquiera la confianza que necesita, debe saber que se encuentra ante una nueva oportunidad de actuar correcta y responsablemente. Saber que sus padres lo esperan de él, que confían en su bondad, formación, inteligencia, coherencia y acierto, le hará actuar como sus padres piensan.

Por el contrario, creer que sus padres temen que actuará mal, que no será responsable, como no lo ha sido alguna vez, le llevará a actuar como creen que sus padres esperan al fin y al cabo y les resulta más cómodo.

NECESIDAD DE DIÁLOGO

Hablar de soledad es hablar del mayor sufrimiento del ser humano. Que busca imperiosamente compañía, comunicarse y dialogar.

El adolescente tiene necesidad de compartir sus sentimientos. Hasta el punto de sentirse a veces obligado a contárselos a sí mismo, como por ejemplo a través de un diario. Volviéndose taciturno o soñador. Al tiempo que busca ser comprendido. Pero cuando esto no ocurre, prefiere el aislamiento. Y busca satisfacer su necesidad perentoria de comunicación y comprensión en una pandilla, fuera del ámbito familiar.

Del diálogo familiar nace la maduración de todos, al poder cada uno contrastar sus propias opiniones. El hijo adolescente necesita probar con sus padres lo que sus compañeros de pandilla objetarán a sus opiniones. Esto lo hace discutiendo. Dialogando. Aprende así cuál es su propia opinión libre y los mejores argumentos para defenderla.

Para que el diálogo obtenga los frutos positivos que tanto padres como hijos buscan y necesitan, ha de cumplir con las siguientes características:

— Ha de ser un diálogo entre iguales.

— Ha de ser fruto siempre del amor. Quien sabe escuchar sabe amar.

— Ha de ser sereno.

— Respetuoso.

— Ha de buscar siempre el bien para el adolescente.

De manera inconsciente los padres pueden sentir recelo a oír las confidencias de sus hijos adolescentes, porque en el fondo se tiene miedo a conocer realmente el comportamiento y sentimientos de su hijo.

Los padres han de tener en cuenta que guardar la serenidad, por mucho que se tema escuchar algo de un hijo, es la mejor manera de ayudarle en ese momento, porque se habrá abierto el camino del remedio y el de nuevas confidencias, nuevos diálogos. Que tanto necesita aunque no lo exprese explícitamente.

Es el adolescente, no obstante, el que suele apartarse para no frustrar a sus padres, no discutir con ellos o no enfrentarse ante sus reproches.

Para dialogar con un adolescente hay que prepararse como para jugar al golf. El juego resultará tanto más fácil y mejor ejercitado cuanto mayores cualidades tengan los padres. Pero, sobre todo, cuanto más tiempo hayan empleado en entrenar y cuanto antes hayan comenzado.

Cuando los hijos no hablan es porque no están seguros de que serán escuchados o temen sus consecuencias. Los padres han de estar preparados. Han de estar dispuestos a escuchar a sus hijos sin alterarse. Demostrándoles que les importan de verdad, y solo desean ayudarles. Que perdonarán y olvidarán todo lo sucedido si es necesario.

Para ello han de ser hábiles, pacientes y querer al hijo como ser singular y capaz de mejorar siempre.

CAPÍTULO 14
LAS 3D DE CADA HIJO

Cada ser humano se mueve en tres dimensiones diferentes:

— La dimensión íntima, personal.

— La dimensión familiar, a caballo entre ambas.

— La dimensión social, la que mantiene con el resto de la sociedad, que no son su familia.

Pero, ¿los hijos adolescentes se comportan en sociedad tal y como son en familia? Desde luego que no. ¿Y lo hacen en familia como sienten y piensan realmente en su fuero interno? Aún menos.

En familia son más «*ellos mismos*» que en sociedad, y ante sí mismos más que en familia, aunque sepan menos que la familia interpretarse: conocerse.

No obstante, en ninguna de sus dimensiones se portan como son en realidad ni lo harán hasta que maduren del todo y sobrepasen la adolescencia. Aunque algunos no lo harán y no se convertirán en plenos adultos porque en ellos permanecerá sin desarrollar alguna de las tres dimensiones. Así hoy es posible encontrarse con adultos inmaduros, de reacciones aun adolescentes en algunos de sus aspectos vitales.

Aun siendo así en algunos casos, lo cierto es que cada adolescente tiende a la madurez y necesita cuanto antes conocerse mejor. Desde su yo interior se conocerá con mayor exactitud y se mostrará más seguro en su mundo familiar. Y apoyándose en éste, se descubrirá también mejor en su dimensión social, comenzando por los amigos.

Especialmente este proceso ha de comenzarlo durante la adolescencia para culminarlo al comenzar su vida de adulto. En conocerse realmente y tolerarse tal como uno es consiste al fin y al cabo la madurez.

En el proceso, no se ha de olvidar que son los tres depósitos (el interno, familiar y social), los que en conjunto y equilibrio conforman la satisfacción y felicidad de cada hombre y mujer.

¿Pero hay entre ellos alguno más importante en el ser humano y por tanto en el hijo? No. Los tres son igualmente esenciales. Los tres se complementan y son precisos para el equilibrio y la plenitud. Sin carencias notables ni excesos.

CARENCIAS

Hay quienes han cultivado poco su mundo interior:

— Se vuelcan en las relaciones sociales en sus relaciones familiares. Pero cuando se quedan a solas sienten una soledad insoportable.

— No soportan el silencio.

— No se conocen.

— Alimentan una fachada, que algunos o muchos aprecian, pero no es él.

— Viven para las apariencias.

— Incluso mantienen conversaciones sobre una falsa intimidad. Se trata de una intimidad enmascarada, irreal o inventada, en la que también quedan bien, incluso contando algunas miserias para dar realismo a la mentira que ellos mismos creen, porque no se escuchan a solas.

— Huyen de la reflexión.

— Se creen naturales e inteligentes.

— Tienden a exhibirse de uno u otro modo.

— Sin el mundo interior, el yo real no es feliz. Y a solas se hunden ante cualquier circunstancia que les provoque inseguridad y miedo: una enfermedad o golpe amoroso o afectivo, por ejemplo. Porque en estas situaciones aparece lo que en verdad son. Personas sin recursos más allá de la apariencia.

— No son felices y solo disfrutan de destellos de felicidad a cortas rachas, creyendo que es a lo más que puede aspirar el ser humano. Pero se equivocan.

Hay quienes han cultivado poco su dimensión social:

— Son tímidos. Ensimismados.

— Les gusta estar a solas, en familia o con uno o dos amigos muy íntimos, ya conocidos y que le conocen bien.

— Se convencen de que no necesitan la sociedad, que es superficial y masificada.

— Detestan encontrarse en situaciones donde tengan que entablar conversaciones con personas pasajeras.

— Prefieren no tener más amigos a tener que pasar por los ritos de iniciación de una relación personal.

— No les gusta recibir visitas inesperadas.

— Se creen más autosuficientes de lo que son. Más inteligentes y mejores. Singulares porque se consideran más valiosos.

— Sufren en cualquier acto público donde tengan que exponerse. Su familia o sus pocos amigos alimentan su escasez de destreza social, excusándola como un rasgo de su personalidad llevadero y no le exigen grandes esfuerzos al respecto. Suelen allanarle las pendientes en este terreno.

— Sienten que les falta algo para lograr su felicidad.

Hay quienes han cultivado poco su dimensión familiar:

— Tienen un rico mundo interior y resultan muy sociables, aunque son un poco egoístas. Buenos profesionales. Diestros en alguna materia sociablemente apreciada. Quizá incluso algunos rasgos de genialidad. Dan escaso valor a su dimensión familiar salvo para apoyarse, descansar, utilizarla a su conveniencia y provecho, en su ámbito social y personal.

— Creen que la familia es una gran institución, conveniente para el ser humano. Pero no se entregan a ella de forma generosa, desinteresada, sin buscarse a sí mismos.

— No son felices, por más que afirmen que lo son. Lo piensan argumentando que la felicidad solo es posible de una manera relativa y escurridiza.

EXCESOS

Como contrapartida a cada carencia siempre hay un exceso.

Así, si hay adolescentes y adultos con carencia interior, los hay con exceso de sociabilidad o vida familiar:

— Son los animadores de todas las fiestas. Los que tienen la gracia oportuna y palabra para cada persona con las que se encuentran.

— Saben de todo y de nada en profundidad.

— Justifican su comportamiento por educación.

Excesivamente familiares:

— Se refugian en su familia, su madre especialmente o su padre. En su prestigio, su cariño, su serenidad, la calidez del hogar que conforman, lo bien que se está en casa, que se come en casa, que se duerme en su cama.

— Son reacios a que los amigos entren en su casa. A que extraños participen de su familia.

— Se sienten más valiosos por el mérito de sus padres, abuelos o familiares, mucho más que por el suyo propio.

O con una excesiva predominancia del mundo interior:

— Excesivamente introvertidos, bohemios.

— Que sienten la sensación de que nadie conoce realmente la grandeza de sus pensamientos, la riqueza de la obra que serán capaces de generar si tuvieran la oportunidad y el interés de la masa que no acierta a descubrirle.

— Originan, desarrollan y ven morir dentro de sí grandiosos pensamientos que según ellos y quizá fuera así, mejorarían el mundo real.

QUÉ HACER

Las tres dimensiones están conectadas si se descubren las compuertas que las unen. De forma que cuando alguien es muy sociable y familiar, si encontrara cómo, le sería mucho más fácil, cultivar su mundo interior.

Por otra parte, si alguien tiene una rica vida interior y familiar y menos destreza en su dimensión social, podría apoyarse con facilidad en sus dimensiones fuertes para mejorar su sociabilidad y mostrarse diestro a su estilo en esta dimensión. Y lo mismo con la carencia de dimensión familiar.

Lo que hay que hacer es convencerse de que cada ser humano, cada hijo, necesita riqueza en los tres ámbitos para sentirse pleno.Sobre cómo desarrollar la vida familiar, se encontrarán muchos consejos en algunos capítulos de este libro y en los de su antecesor (*Guía para ser Buenos Padres*). Lo mismo que sobre la sociabilidad, la relación con los demás, con los compañeros, los amigos, la sociedad. También fue tratado, entre otros, en el libro *Las complicaciones del corazón* (Almuzara), donde se analizaron múltiples aspectos de la afectividad adolescente, entre ellos todos los que integran la sociabilidad de los hijos.

Sin embargo, aunque también en estos y otros libros se apuntaron modos para desarrollar la dimensión interior del ser humano, parece oportuno precisar algunos consejos sobre cómo poder alimentar esta dimensión interior en los hijos adolescentes.

Así, entre los medios que todo adolescente tiene a su alcance para desarrollar su mundo interno, tienen protagonismo: sus lecturas, sus canciones, los videojuegos y el cine. Lo que desarrollaremos, dada su importancia, en el capítulo siguiente.

¿EXISTE UNA CUARTA DIMENSIÓN?

Hay quienes dirían que existe una dimensión más: la trascendente.

Pero no es así. Porque la trascendencia, por su propia definición (*extensión de los efectos de las acciones y los hechos mucho más allá de la propia experiencia, hasta el infinito*), no es una dimensión diferente, separada de las otras tres expuestas.

Se trata, por el contrario, de una condición que ha de estar en cada una de las tres descritas. Impregnándolo todo. Porque precisamente la trascendencia es la que permite que la dimensión del mundo interior, la familiar y la social, se llenen y satisfagan al ser humano. Otorgándole sentido.

CAPÍTULO 15

SU MUNDO INTERIOR: LECTURA, CANCIONES, VIDEOJUEGOS Y CINE

Como ya explicamos, el mundo interior de un adolescente (además de por las conversaciones que tengan con su familia principalmente y con los amigos en segundo término), se desarrolla a través de sus lecturas, las canciones que escucha y especialmente las que adopta como preferidas, los videojuegos que protagoniza como un actor principal más y las películas (cine, dvd…) que ve y más huella le dejan.

LA LECTURA

La lectura es uno de los principales alimentos de la vida interior de un adolescente y de todo ser humano. No leer, una de las principales causas de la pobreza de su mundo interior.

Pero no todo alimento es igual de necesario ni beneficioso. También dependiendo de su carácter. Como no beneficia igual un alimento determinado a una persona gruesa, delgada, un atleta, un deportista o quien ha de realizar una prueba de resistencia o de intensidad intelectual.

La lectura deja huella eficaz en el lector, tanto beneficiosa como dañina.

He conocido a muchos adolescentes para los que la mala literatura ha sido el trampolín que necesitaban para adentrarse en una conducta antisocial.

El poder de la palabra es enorme y vigente. Todas las revoluciones han necesitado la palabra publicada: prensa y radio. Porque la palabra es una fuerza poderosa. Manipula la verdad o la defiende. Pero difunde con igual verosimilitud y eficacia mentiras que verdades.

La palabra escrita, la lectura, ha logrado a lo largo de la historia derribar gobiernos, amotinar pueblos enteros, desencadenar guerras y crear tensiones políticas de alcance mundial.

Por eso, para los padres no estaría de más saber cómo ayudar a sus hijos a seleccionar las lecturas que más les influirán conformando sus cabezas y haciéndoles experimentar como vividas otras vidas distintas a la suya. Por ejemplo acudiendo a páginas webs donde se describan lo que los hijos pueden encontrar en los libros de moda. Véase *almudi.org*, por citar alguna de las muchas que existen.

El adolescente, desde que inicia la pubertad, ansía desplegar el total de sus fuerzas y sus posibilidades: su realización.

Los libros llevan al adolescente al reino de la fantasía, al mundo de la aventura, del peligro, de lo sensacional, de lo misterioso, de lo maravilloso, de lo nuevo. El adolescente leyendo se desahoga espiritualmente, así como en el campo de deportes o en la piscina lo hace físicamente.

A partir de los 11 años, el mundo de los sueños infantiles se desmorona lentamente y el adolescente comienza a observar con más precisión y frialdad el mundo que le rodea, haciéndose más realista. El exceso de literatura fantástica evade al adolescente de la realidad, salvo que esa literatura haga referencia simbólica a algo muy real, básico, como la victoria del bien sobre el mal, el poder de la amistad y triunfo de la lealtad, la cooperación y la bondad, como en el caso de *El señor de los anillos* o la saga de *Harry Potter*. En todo caso, a partir de la adolescencia sería muy bueno que el adolescente compaginara la literatura fantástica con libros sobre naturaleza y animales. Pero animales reales, que no tengan atribuciones de personas.

Leer es bueno. Leer mucho, muy bueno. Pero la lectura puede también resultar, según la edad y el carácter, el inicio de un camino de costoso retorno.

Cuando un adolescente lee, se lanza al mundo de la aventura, animado por el placer de la acción. Movido por las sensaciones, que colman su espíritu. Así va llenando su mundo interior y lo siente. Entonces, se ha iniciado para siempre la afición por la lectura.

Los procesos psíquicos de los adolescentes se resuelven por la vía de la elaboración. Es una necesidad. Por eso los adolescentes que no tienen afición a la lectura sucumben más fácilmente a la influencia de la calle y de las malas compañías. No siendo capaces, generalmente, de defenderse ante ellas.

Las figuras de los héroes que protagonizan los libros satisfacen las necesidades juveniles de cambio, excitación, sensación, fuerza y riesgo y producen, además, un efecto educativo.

Los relatos de exploradores hacen que los adolescentes puedan tener acceso a nuevos mundos y les facilitan una visión más rica de la sociedad.

Sin embargo, los comics, siendo muy entretenidos, son poco útiles para desarrollar el mundo interno. En ellos, el lenguaje está descompuesto y desarticulado. Poco a poco embrutecen en lugar de enriquecer el mundo interno del adolescente.

Aún así, no deben prohibirse ni descalificarse radicalmente. Aquí, como en todo, es necesario vencer el mal con el bien. Los padres deberían hacer caer en la cuenta a sus hijos de la pobreza y ridiculez de sus textos, haciéndoles ver que los comics están escritos para chicos que no leen y que ellos están preparados para textos con mayor riqueza emocional y vital. Mayores experiencias.

Conforme el adolescente crece va cambiando los libros de aventuras por los de corte realista o complejidad fantástica. Y los padres han de estar preparados, acudiendo a webs especializadas y adecuadas, para poder sorprenderles con un buen libro. Hay algunos que no fallan y son modernos y de su entero gusto. Lo normal sería que de vez en cuando los padres regalasen a su hijo un libro de esos que se convierten en uno de los mejores de su vida. Por lo que se hace necesario pedir consejo.

Tras la iniciación al realismo, irá sintiendo al madurar el gusto por lo histórico y finalmente por la buena literatura y amena.

No debe olvidarse. Cada edad tiene sus libros, y merece la pena elegirlos bien. Hubo un adolescente, al que trataba, que se había entretenido en calcular cuántos libros como máximo podía un ser humano leer a lo largo de su vida. La conclusión era evidente: había millones de libros que no da tiempo a leer, por lo que se hace necesario seleccionarlos bien, y animar a los adolescentes a dejarlos sin terminar cuando vean que un libro no les satisface, por muy clásico o recomendado que sea.

LAS CANCIONES, VIDEOJUEGOS Y EL CINE

En la lectura, como en el videojuego y el cine, los adolescentes viven lo aspectos que no podrían vivir tan fácilmente. Con tanta riqueza. Extensión de registros emocionales. Ni con tan poco daño, en la vida real. Siendo improbable que les ocurra y siendo imposible que le sucedan todas.

Cuando el adolescente lee la historia de unos personajes que viven una experiencia, la experimentan ellos mismos. De eso se encarga la imaginación. Son ellos los protagonistas con distintos nombres, distintas virtudes, distintos peligros, con amigos heroicos, con enemigos incansables. Ya no solo piensan y sienten con la lectura, sino que viven mucho más y en ella. Y fenómeno similar ocurre en la extensión que suponen los videojuegos y el cine. Vitales por tanto.

Con las canciones sucede otro tanto, pero de forma más reducida, comparada con una película de cine por ejemplo, un libro o la interactividad de un buen videojuego.

VIDEOJUEGOS

En los videojuegos el peligro es que la cultura del siglo XXI, una cultura multimedia, lo virtual y lo real se mezclan con demasiada facilidad. Más en la adolescencia, en la que los adolescentes protagonizan un juego, decidiendo en él y presenciando —experimentando padeciendo— sus consecuencias. El tipo de videojuego es clave por tanto. El adolescente puede aficionarse a ser un asesino, un degollador de prostitutas, un psicópata suelto por las calles, que de todo hay, o también un comerciante próspero que con habilidad se convierte en el salvador de una ciudad medieval o romana, o un detective, un capitán surcando mares en busca de piratas y sorteando sus peligros, etc.

Como es fácil deducir, los efectos en la psique del adolescente son diferentes, cuando piensa sobre ello en la vida real y desea llegar a casa y ponerse a… degollar, maltratar, asesinar, dinamitar cuerpos, o hacer prosperar, descubrir, salvar el mundo e investigar.

Con la huella especial de la experiencia, aunque sea virtual. Es decir, a diferencia del cine en que ven cómo otro asesina a alguien, en el videojuego el asesino es él: lo dice, lo planea, lo ejecuta y gana con ello.

CANCIONES

En las canciones el adolescente escucha lo que desearía él también decir. Siente lo que el autor de la canción y el intérprete están sintiendo. Se identifica con ella porque quien la compuso pensó también en alguien como él.

Al oír una canción el adolescente se proyecta como si él fuera realmente el intérprete. De esta forma le es más fácil expresar lo que quizá no se atrevería por vergüenza o por ocurrencia, por no sentirse tan audaz para expresarlo tan bien como lo hace un cantante determinado, que le gusta. Precisamente por eso o por lo que representa su estética.

Escuchar una canción con alguien por quien se siente atracción, es estar diciéndole sin excesivo riesgo todo lo que el intérprete está diciendo.

Por eso las canciones son tan importantes entre enamorados. Más si cabe entre quienes al oírla piensan en una negativa que recibieron como respuesta a su enamoramiento. La canción en ese caso es un bálsamo y el intérprete un aliado.

Por eso dicen que hay una canción para cada situación humana. Así es, y así la buscamos. De ahí que si un padre quiere conocer qué tiene en su mundo interior su hijo, baste oír las letras de sus canciones preferidas.

PELÍCULAS

En el cine, el arte de mayor prestigio y expansión social del siglo XXI, ocurre como en las lecturas, tiene sus mismos beneficios, aunque sin tres básicos:

—Sin los beneficios del poder de la imaginación que estimulan los libros en el adolescente
—Ni la valiosa costumbre que la lectura genera en el adolescente de disfrutar a solas, enseñándole que estar a solas no es estar solo.
—Además en la lectura se acostumbra a tolerar la ansiedad del tiempo y el suspense, lo que no ocurre en una película, que en dos horas máximo se desvela cualquier intriga.

Pero sin los prejuicios que pueden tener algunos videojuegos, porque el adolescente al ser espectador y no agente —como ocurre en los videojuegos—, estimula su juicio crítico. Así cuando alguien ve un asesinato, instintivamente en la mente surge el proceso crítico de aceptarlo como bueno o malo. Cuando el adolescente es agente —en el videojuego— lo que antes de jugar le parecía malo, pasa a parecerle justificado, puesto que el lo está haciendo. Se convence así de que el fin justifica los medios. Son las normas del juego. Y acaban por parecer justificadas acciones que nunca hubieron justificado antes. Tampoco es que al terminar el videojuego vayan a creer que matar es bueno, pero al menos sí lo han sentido, vivido, durante horas y el corazón y la mente aprenden experimentando y todo lo percibido y vivido se almacena sin remedio en la memoria y psique humana, para siempre. De ahí la importancia de seleccionar bien los videojuegos muy particularmente.

CAPÍTULO 16
AUTOESTIMA Y PERTENECER A UN GRUPO

La autoestima es el concepto que cada individuo tiene de sí mismo. Tanto positivo como negativo.

Cada persona viene al mundo con una carga genética que le permite estar más capacitado para formarse una autoestima positiva que negativa. No obstante, en el peor de los casos, salvo procesos muy específicos degenerativos, metabólicos o traumáticos de gran importancia, todo ser humano está dotado de la capacidad para tener la autoestima suficiente que le permite afrontar todos los problemas de la vida.

Por tanto, la autoestima es una capacidad fundamentalmente adquirida, no innata. Que hay que enseñar al hijo a lograr.

La autoestima en el adolescente fue la protagonista de un capítulo específico en el libro *Las complicaciones del corazón* (Almuzara). Allí se argumentaban muchas de las razones y modos para lograr la autoestima, así como la importancia que tenía en el desarrollo integral del adolescente en general y de su afectividad y personalidad en particular. Pero dada su importancia, en esta *Guía* no puedo dejar de hacer alguna mención a su influencia en el hijo adolescente.

De la autoestima depende mucho más de lo que imaginamos. Si los padres fueran conscientes de la extensa lista de defectos y malas conductas que se derivan de la baja autoestima y de las virtudes, buenas acciones y equilibrio que se deriva de su contrario, sin duda, valorarían más la autocstima de su hijo y no actuarían como a menudo lo hacen.

La autoestima no es constante a lo largo de toda la vida. Hay momentos y edades, en que es mayor y en otras, menor.

Por una parte, la edad más importante para la autoestima son los primeros cinco años de vida y los cinco siguientes en segundo lugar.

Por otra, hay individuos que el concepto que tienen de sí mismo lo conciben en un bloque, y así creen que no suelen servir para nada, que todo lo hacen mal, o que todo bien. No obstante, lo normal es que el individuo conciba su autoestima diferente dependiendo de los diversos ámbitos de su vida y comportamiento. Así piensan que son muy malos en algo, pero buenos y mediocres en otros aspectos.

Si la balanza de todo lo que sabe hacer bien y lo que le sale mal, por lo que es bueno y por lo que es malo, se inclina más sobre el peso de lo positivo, su autoestima será alta, si se inclina hacia lo negativo, su autoestima será baja.

En la mayoría de los casos la autoestima o concepto de sí mismo es un concepto en espejo. Es decir, la mayoría de los seres humanos el concepto que tienen de sí, es el que se forman con lo que creen que piensan de él los demás. Las personas de su alrededor, sobre todo, aquellos que más les importa. En orden:

- Padres,

- Hermanos,

- Profesores,

- Amigos,

- Familiares,

- Compañeros,

- Entorno próximo.

Los padres, por tanto, son los principales nutrientes de la autoestima de un hijo. Son los que más intervienen en el concepto que los hijos tienen de sí mismo. El hijo pensará de sí, en buena parte, lo que los padres piensan de él.

Por eso, deberían desterrarse de la boca de los padres expresiones como «*eres tonto*», «*estás atontado*», «*no sirves para nada*» «*¡qué torpe eres!*», etc., que los hijos consideran auténticas por venir de sus padres.

LA TRIPLE AUTOIMAGEN

Cada hijo, como cada ser humano establece tres imágenes sobre sí mismo.

- *La imagen real*: la que posee y siente a solas.

- *La ideal*: a la que aspira y para la que se prepara y esfuerza.

- *La ficticia*: la que desea, pero en realidad es incapaz de alcanzar.

Si la autoimagen real es proporcional a la ideal, el adolescente no le tiene miedo al fracaso y esto le lleva al éxito. La autoimagen ficticia depende mucho del exterior y por eso en ella intervienen los padres de forma importante.

Cuando los padres desean que su hijo adquiera la perfección en algo, están inculcando en su hijo el deseo de ser algo por encima de lo que le es posible, con gran esfuerzo. Este niño comenzaría a esforzarse al máximo, pero llegaría un momento en que lo vería imposible o al menos no rentable. Entonces centraría su atención sobre otros objetivos y habría comenzado la espiral descendente de su fracaso. Si en el fracaso se encontrase más cómodo que luchando por un imposible, entonces permanecerá en él, aunque sufriendo la frustración.

QUIÉN Y CÓMO INFLUYE MÁS

Entre los padres, quien tenga mayor afinidad con el hijo adolescente será quien más influya en su autoestima.

El factor que más influye en la determinación del concepto de sí mismo o autoestima está relacionado con la calidad de la relación padres-hijos. Cuanto mejor se llevan unos con otros, más influyen naturalmente.

El resto de los factores como la profesión de los padres, la situación económica de la familia, el lugar donde viven, etc., si bien influyen igualmente, no dejan de ser secundarios.

QUÉ HACER

— En primer lugar, conocer cuál es la autoestima que tiene el hijo: baja, alta o media.

— Saber en qué aspectos se considera torpe, malo o menos capacitado.

— Hacer pequeños ejercicios en esos ámbitos con los que demostrarle al hijo que no es tan poco hábil como cree. Para ello, lo más probable es que se tenga que comenzar con ejercicios muy básicos para garantizar el éxito.

— Si no logra el éxito en el resultado, al menos hacerle ver al hijo el avance en los pasos dados. Ya llegará el resultado si los pasos que se dan hacia él, son los correctos.

— Siempre decirle que puede, si puede. Decirle que es generoso a un niño que no lo es pero en realidad puede serlo, le hará ser generoso. Decirle que es ya más ordenado a un hijo que no lo es aún como nos gustaría, pero puede lograrlo si se esfuerza, hará que muy pronto lo consiga. Decirle a un hijo que es más agradable su conversación de lo que lo es aún, porque podría serlo realmente, hará que él mismo se valore más como conversador y saque brillo a lo que sus padres le han descubierto como uno de sus puntos fuertes.

Actuando al contrario, los padres no lograrán que sus hijos cambien porque se encuentran hundidos en su baja autoestima. Nadie se esfuerza en lo que sabe que seguramente no logrará.

Al revés, todos se esmeran en mantener sus puntos fuertes si saben que las personas que más les importan, y entre ellos especialmente sus padres, creen que realmente son fuertes y le son asequibles.

Pero la experiencia muestra que la mayoría de las veces los padres actúan de forma contraria a como deberían. Por eso, se debe evitar decir:

— «Eres un vago», si los padres quieren que sean más diligente.

— «Eres un desagradecido», si quieren que valore más lo que le dicen y dan.

— «Te dejas influir por tus amigos», si quieren que tenga más personalidad.

—«Eres un pelele», si quieren que tenga su propio criterio y trate de imponerlo.

—«Eres desordenado», si quieren que ordene.

— «Eres un ladrón», si quieren que nunca más robe.

— «Eres un mentiroso», si se quiere que diga siempre la verdad.

—«Eres tonto», si se quiere que se sienta inteligente o valioso.

—«Eres un guarro», si se quiere que se asee más.

—«Eres un irresponsable», si se quiere que adquiera responsabilidad.

—«Eres un egoísta», si se quiere que piense en los demás.

—«Eres un desagradable», si se pretende que sea más amable.

—«Eres enfermizamente tímido», si se quiere que supere su timidez.

—Etc.

Porque el ser humano, el hijo, el adolescente, buscará siempre la salida, lo que de bueno cree que tiene. Optará siempre por reafirmar cualquier victoria que crea que los demás le pueden otorgar. Si cree que los padres le atribuyen una virtud, tratará que sus padres le sigan valorando como hijos diligente, agradecido, maduro, ordenado, honrado, sincero, listo, limpio, responsable, generoso, agradable o resuelto, etc. Y se empeñará en ello. Aunque le cueste, porque le va mucho en ello.

Que los hijos pasen a ser mejores solo depende así de que piensen que pueden serlo porque sus padres ya creen que lo son en buena parte. Esa es la clave.

CAPÍTULO 17
LAS AMISTADES PELIGROSAS

Los amigos son una necesidad del adolescente. Todo adolescente necesita una válvula de escape, más allá de sus padres. Por bueno que sea. Alguien con quien ensayar posturas, opiniones, explotar aspectos de su forma de ser.

Los problemas surgen cuando los padres no estiman suficientemente buenos a los amigos de sus hijos. Más problemas si los consideran dañinos, perjudiciales. Quizás buenas personas, pero en cualquier caso amistades inconvenientes, peligrosas, para sus hijos.

Los padres suelen tener casi siempre razón. La experiencia de los padres y especialmente de las madres, les hace intuir con pocos datos cuándo un amigo no es adecuado para su hijo. El conocimiento de su hijo es el dato fundamental que poseen. Por eso suelen acertar.

¿QUÉ HACER PARA QUE UN HIJO ELIJA BUENOS AMIGOS?

Para tranquilidad de los padres, la experiencia dice que el bien atrae al bien y el mal atrae al mal. Así, entre jóvenes buenos y malos no es fácil entablar una amistad de verdad y las amistades que no son de verdad tienden a la disolución.

Entre chicos de buen comportamiento y malo, los centros de atención son demasiado distintos. Sin embargo, puede ocurrir que un adolescente de la familia aparentemente mejor y de una alta condición social represente el peligro. Y, al contrario, que en los ambientes más sencillos y pobres, se encentren adolescentes intachables desde el punto de vista del carácter y la formación.

Por eso los padres han de reparar, sobre todo, en la categoría humana del amigo, en la aprobación total como hombre, persona, ser humano, y amigo. Se identifica un buen amigo en:

— Los intereses comunes de los amigos

— La finalidad que buscan cada uno de ellos cuando salen juntos y en los planes que hacen

— En qué valora cada uno de ellos en el otro

— En la educación

— En el aseo y en los modales

— En la forma de valorar los estudios o el trabajo

— En que los amigos, se buscan mutuamente el bien de verdad y desinteresado, aunque a veces no lo consigan.

Si su hijo es auténtico, los padres no tardarán en descubrir que su amigo también lo es. Aunque no sea esta la primera impresión que se tenga.

A un adolescente no es fácil juzgarlo con justicia desde el exterior. Por eso los padres deben examinar de cerca al amigo, aunque sin caer en la descortesía o mala educación.

Si el hogar familiar funciona, si existe el ejemplo positivo de los padres y en casa el comportamiento auténtico es un hábito, previsiblemente también será auténtico el amigo del hijo.

Pero si se experimenta lo contrario, además de intentar convencer al hijo de que abandone esa amistad por perniciosa, los padres deberían remediar algunos errores cometidos en la educación de su hijo.

Normalmente un adolescente, además de algún amigo en especial, suele tener un círculo más amplio de amigos. Algo útil para el desarrollo de su madurez social. De ahí la importancia de que el adolescente tenga libertad y tiempo para alcanzar esa madurez entre sus iguales. Lo que no es fácil, porque a menudo los intereses del grupo de amigos no son compatibles con los de la familia.

Hoy en día el influjo del grupo de amigos es más intenso, debido a que los medios de comunicación y las nuevas tecnologías aplicadas a las relaciones multimedia, en las llamadas redes sociales, propagan una mayor superficialidad o falsedad —según el caso— de las relaciones pseudo-personales y de los gustos y exigencias en la amistad.

Así, es más fácil que nunca tener más de cien amigos (en facebook por ejemplo) y ninguno íntimo al mismo tiempo.

El grupo de amigos restringe gravemente la capacidad de juicio en el individuo.

Se prefiere un determinado tipo de música, porque así le gusta al líder del grupo. Se es fanático del fútbol o de un grupo musical o un actor o actriz. Se viste de una determinada forma. Se… Se… Se… Y el individuo ya no se atreve a declararse partidario de nada, ni se le ocurre pensar en tener otras ideas al margen de sus amigos.

Por tanto, el adolescente que pasa por la experiencia

necesaria del grupo, quizá se trivializará, se masificará, será un poco parecido a todos. Pero si tiene una buena educación, conocerá los sentimientos de la masa, abrirá los ojos, se le caerá por sí misma la idealización de lo bueno y divertido que siempre es lo de *los otros*. Comprenderá el sentido exacto de la buena amistad y a distinguirla de los sucedáneos. A reaccionar ante los demás. A posicionarse ante un líder.

Experiencias que le serán muy útiles en el futuro, ya que la vida de adulto, la vida profesional, vecinal y familiar, le exigirá no solo conocimientos, sino destreza social.

La mejor uva, antes de convertirse en buen vino, ha de pasar por el lagar y fermentar. Con todo, si a los padres no les gustasen las amistades de sus hijos por alguna razón que intuyen y han reflexionado honradamente, tienen la obligación de hacérselo saber a sus hijos y éstos el derecho de saberlo cuanto antes.

La forma es lo que hay que cuidar. No es útil decirle a un hijo «*tu amigo no me gusta*». Inmediatamente ante este comentario hecho en un momento de cierta tensión, a un hijo bien educado (educado en la justicia, la generosidad, sensibilidad, la dignidad que tiene toda persona por el mero hecho de serlo), le surgirá un justificado reproche a sus padres: «*pero si no lo conocéis como yo, cómo os atrevéis a juzgarlo*». Y llevará razón.

Las impresiones no son suficientes para jugar a las personas. Por eso los padres nunca deben juzgar personalmente a los amigos de sus hijos. Lo que sí pueden hacer es simplemente transmitirles desde el desconocimiento, opinar sobre la impresión, mera impresión, y dejar explícito este desconocimiento. Decir al hijo algo así como:

«*Hijo, yo la verdad es que no lo conozco, para eso estás tú, pero al menos me quedaría tranquilo si supieras que a mí y a tu madre (o padre) nos da la impresión, no sé, un olfateo fruto de la edad quizá, que éste puede ser de esos amigos que acaban traicionándote, porque no encajan del todo con tus intereses, tu forma de ser, tu experiencia y tu madura opinión sobre las cosas. Ojalá nos equivoquemos. Pero estamos seguros de que con lo listo y valioso que tú eres estarás alerta y lo conocerás mejor que nosotros y si no te conviene lo irás dejando como amigo, en cuanto veas que no te responde con la misma lealtad que mereces.*»

Con esto, la sentencia está dictada y su ejecución en marcha. Solo es cuestión de tiempo. Porque si acertaron los padres, tarde o temprano la traición llegará, por desgracia.

Lo contrario, haría que el hijo se viera forzado a seguir con la amistad que los padres intentan evitar, para poder demostrarle que se equivocan y que hicieron sin embargo lo correcto cuando le inculcaron que debían querer a las personas tal como son, con sus diferencias, sin poder clasificarlas por su condición social, cultural o económica. Cuando le enseñaron que a las personas hay que soportarlas con sus defectos, ayudarles y quererlos como son.

A los padres que se llevan bien con sus hijos les basta dejar la sospecha de que aquella amistad debería acabar cuanto antes por su bien, a corto, medio y largo plazo. Con esta sospecha fundada de unos padres que han demostrado a su hijo antes generosidad y equidad en otros ámbitos, basta para que el hijo que tiene libertad y la confianza de sus padres en que hará lo correcto, no tarde mucho en dejar esa amistad que tanto se teme, con razón.

CAPÍTULO 18
ADOLESCENCIA Y DIVERSION

Un alumno de catorce años me pidió en una ocasión: «*Por favor, dígale a mis padres que cuando salgo hasta tarde, por muy tarde que sea, no hago nada malo, como se piensan*».

Lo cierto es que a sus padres intrigaba saber de veras qué hacía su hijo y que hacían la mayoría de sus amigos, adolescentes de 11 a 18 años, cuando salían hasta tan tarde.

¿Qué hacen? ¿Con quién? ¿Cómo se comporta un hijo cuando sale? ¿Qué hacen sus amigos? ¿Qué ven? ¿Qué viven? ¿Por qué?

Si se le pregunta a un adolescente de 13 años, contestará algo así como: «*Sólo dar vueltas por ahí*». ¿Sólo?, se podría preguntar un padre que no sepa cómo se traduce ese «*sólo*».

Lo cierto es que hoy la mayoría de adolescentes identifican ocio y ámbito extra-familiar. Ya sea estar con amigos fuera de casa o dentro, pero a solas, aislado (en su navegación por internet, su actividad multimedia, su música a solas, sus juegos de ordenador, su televisión). Con lo que esto supone de empobrecimiento del propio ocio y la formación sensitiva e intelectual.

Los adolescentes practican en su ocio, cada día más pobre y arriesgado:

—Salir con amigos.

—Escuchar música.

—Ver la tv.

—Relaciones multimedia: redes sociales.

—Oír la radio.

—Ir a la discoteca, pubs, bares, cafeterías.

—Jugar ante el ordenador.

—Ir al cine.

—Ir de compras.

—Viajar.

—Ir a conciertos.

LOS JÓVENES Y LA NOCHE

La noche se ha convertido en un espacio juvenil. Llena de justificación y de riesgo. La noche es, de forma más o menos clara, una muestra más de la reacción por parte de los jóvenes contra el predominio de la razón en que se han empeñado los adultos de los últimos años del siglo XX. Como reacción a esta predominancia de la razón y la ciencia, en la noche se concentra para los jóvenes todo lo sensual y no racional. Es, por tanto, una reacción a lo establecido.

En la noche, un adolescente encuentra:

— Un mundo único, que rompe con lo monótono del día.

— En donde no hay adultos vigilantes. Todo es de los jóvenes. Especialmente atractiva para los adolescentes de 11 a 18 años, al convivir con el resto de adolescentes mayores, y suponer por tanto el hecho de participar de la misma noche, de un importante rito de iniciación a la madurez. Como el fumar o beber. Dos componentes recurrentes de la noche por la misma razón.

La noche es un espacio propio, por tanto. Sin límite aparente. Porque la sensación es que en la noche no hay prisa. Que es larga e interminable. En la que aparentemente uno puede decidir cuando acaba, de golpe. Sin más obligación que pasarlo bien.

El adolescente en la noche se siente mucho más poderoso. En ella se desenvuelven solos, entre uno y otro ritual iniciático en la madurez (rituales como el alcohol, el tabaco, las drogas, determinados gestos, conversaciones, opiniones, etc.)

Por eso el 89% de los adolescentes salen todos los fines de semana por la noche: el viernes y el sábado.

Todo lo que necesita un adolescente para sentirse relacionado, se divierta realmente o no, lo busca con sus amigos en la noche. A veces lo encuentra, muchas no. Pero lo cierto es que no conoce muchas más formas de buscarlo.

Lo que puede encontrar con la compañía de los amigos en la noche, no suele encontrarlo fuera de ella. Porque muchos no conocen medios alternativos, suficientemente atractivos, donde poder relacionarse con sus amigos como grupo. Algo que considera esencial, por su instinto de madurez.

Muchos adolescentes no conocen más alternativa, porque sus padres y sus amigos, los dos grupos que más le importan, no se lo facilitan de ordinario.

Los padres pueden preguntarse dónde encontraron ellos ese espacio donde estar con sus iguales, sus amigos, sin límite aparente de tiempo, sin presencia de sus propios padres u otros que ejerciesen de tales. Han de cuestionarse dónde se iniciaron ellos en los rituales de adulto. Si ya los tiempos han liquidado aquellas posibilidades, han de encontrar otras: facilitarles a sus hijos, las suyas propias.

Ahora la noche se pasa en la calle, porque no tienen otro sitio mejor ni más barato donde pasarla. Pero la noche esconde demasiados riesgos:

RIESGOS DE LA NOCHE

LA NOCHE ALIMENTA RELACIONES SOCIALES DE AMISTAD SUPERFICIALES.

En la noche el adolescente encuentra más compañía y complicidad, que enriquecimiento personal.

Es verdad que si dos amigos acuden a la noche, de por si la noche no mengua su amistad, pero tampoco la hace crecer sustancialmente.

La noche no posibilita las relaciones que precisan conversación e intercambio de experiencias personales de amistad.

La mayoría de las veces que los adolescentes quedan con sus amigos lo hacen en la noche, y en ella tienen lugar el mayor número de sus relaciones sociales. Ello provoca que los adolescentes busquen para relacionarse más cantidad que calidad. Mientras más conexiones, mejor. Sin compromiso con nadie. Creándose múltiples relaciones débiles, que permiten a cualquier tipo de personalidad o carácter estar con muchos, cómodamente, con los que en muchos casos, solo coinciden en el hecho de ser joven.

Pero eso no satisface al adolescente, porque uno se llena con la implicación personal de otro.

La noche va desarrollando un tejido social superficial en los hijos, y aún en muchos adultos. Que coleccionan innumerables conocidos, sin verdadera amistad comprometida. Basta preguntarle a cualquier joven de 17 años al respecto. Es la realidad de una soledad en muchedumbre. Y la de una relación débil entre iguales, no exigente, que se basa en lazos emocionales, no duraderos ni profundos.

Cuanto los espacios sean más multitudinarios, mejor y más a gusto se encontrará el anónimo que pide poco y da poco también. Los botellones triunfan por eso. Aparte de por la lógica del precio de los refrescos y las copas de los establecimientos convencionales.

Lo cierto es que aunque sean más superficiales de lo que merecen y necesitan, al menos son relaciones, y por eso las sienten como necesarias, y cada noche se llena de jóvenes buscando a más jóvenes.

LA NOCHE ESTÁ LIGADA A LAS DROGAS.
SOBRE TODO, AL ALCOHOL.

El tabaco y el alcohol son las dos drogas más extendidas entre los adolescentes de todo tipo de condición.

El alcohol está de moda. Como prestigioso rito de iniciación de mayores —porque no han aprendido otros— y como potenciador de sensaciones y vivencias. Por eso mismo, al alcohol se unen también otras drogas con similares fines: pastillas, cocaína...

El alcohol entre adolescentes de 11 a 14 años crece espectacularmente cada año.

Actualmente cada fin de semana se emborrachan 2,7 de cada 4 adolescentes de 10 a 28 años. Y la mayoría de los que al día se emborrachan en España, son menores de 13 a 17 años.

El consumo de drogas, no obstante, porque se trata de un rito de iniciación, suele tener vigencia hasta los 27 años, siendo común dejar las drogas a partir de los 27-30 años, si tienen la suerte de no haberles creado dependencia. Pero el alcohol con frecuencia sí deja dependencia y sigue consumiéndose más allá de los 30.

Pese a ello, no es el alcohol (consumido por casi un 100% de los adolescentes) y el tabaco (por casi un 80%), las únicas drogas que circundan la adolescencia en la noche. Junto a ellas, los adolescentes —durante la noche, cuando salen con sus amigos— consumen cannabis, anfetaminas, cocaína, pastillas… O al menos lo ven consumir.

CAPÍTULO 19

LA HORA DE VOLVER A CASA Y DE LEVANTARSE

Como es obvio, la puntualidad para volver a casa cuesta más al adolescente cuando está con sus amigos y se lo está pasando bien o espera pasárselo así de un momento a otro.

Es, no obstante, una cuestión más importante de lo que parece. Precisamente por el atractivo, el espacio y la falta de supervisión de adultos que conlleva la noche, más han de exigir los padres la puntualidad, por razones educativas.

Algunos padres no pueden dormir hasta que su hijo llega a casa. Esto ayuda al hijo como instrumento educativo por varias razones:

Así, el hijo aprenderá que a sus padres no les da igual que esté ya en casa o aún no.

Lo entiende como pesada muestra de cariño.

Comprueba que su estancia en la familia es algo importante realmente. Y que su ausencia, cuando se le espera, trastorna el orden familiar.

En una ocasión, un padre me pidió ayuda para lograr que su hijo de 16 años dejase de volver cada sábado y domingo a las 8-9 de la mañana, después de pasar la noche entera con sus amigos. Decían los padres que no dormían hasta que el hijo llegaba y que cada noche era una tortura. No descansaban.

Le dije al adolescente:

«*Y no te da lástima que tu madre lo esté pasando mal mientras te aburres la mayor parte de la noche, a la espera de divertirte*».

«*Es verdad que hay noches que me iría mucho antes*» —me contestó—, «*pero luego pienso, para qué, es mejor quedarse por si surge algo*».

«*Y tu madre, ¿no te da pena dejarla preocupada toda la noche? Ella tiene derecho a descansar*»

«*¡Uy!, exclamó. Si a mis padres les da igual. Una noche, a las tres de la mañana me estaba aburriendo y pensé:*

Voy a darles una alegría a mis padres y voy a casa ya, y así no le hago sufrir más a mi madre, que me estará esperando y le dejo por fin dormir. Pero llegué a casa y todos dormían como ceporros. Pensé que no estarían tan preocupados por mi hora de llegada cuando dormían igual que si no me hubiera ido. Me acosté y con las coca-colas que me había tomado para aguantar toda la noche no pude dormirme hasta las 6 o más, y pensé:

A mis padres les da igual exactamente a qué hora venga, con tal de que esté aquí cuando se despierten a las 9. Y desde entonces no he vuelto antes de que amanezca, porque mis padres no son de los que se levantan temprano».

Quizá se trata del comentario espontáneo de un adolescente egoísta. Pero a este hijo egoísta le decían cada viernes que volviera antes porque sus padres no pegaban ojo. Y una noche ese argumento le hizo volver. No por aburrimiento, porque aburrirse lo hacía muchas noches. Esperaba aliviar y premiar la paciencia de su madre. Pero se encontró un panorama distinto al que quizá injustamente esperaba.

La actitud de la mayoría de los adolescentes respecto a la hora de regreso a casa es pensar que son demasiados mayores y maduros como para que alguien les marque cuándo dejar de estar con sus amigos.

En el fondo, *la hora de volver* es otra versión de *la hora de acostarse* de cuando eran niños.

Pocas veces estarán de acuerdo con sus padres en la hora de volver. Es natural. La queja frecuente será que se les trata como a niños.

Los hijos constantemente expondrán cómo sus amigos gozan de permisos más amplios de los que gozan ellos. Pero no hay que inquietarse por la pugna y simplemente insistir en la hora que a los padres les parezca la adecuada.

En realidad no es que quieran echar un pulso a la autoridad de los padres ni que desobedezcan con desdén ni que anden vagando por las calles descontroladamente. En la mayoría de los casos, tan solo están con sus amigos y les cuesta dejarlos y ser puntual. Como cuesta la puntualidad a los adultos.

Por eso, hay que comprenderlos y ayudarles a cumplir con la hora marcada, que por otra parte, es importante. Para ello, resulta muy útil:

— *Primero.* Comenzar por dejar clara la importancia de cumplir la norma de volver a la hora fijada. Asegurarse de que los hijos entienden que la hora es la llegada al domicilio, no la de salir de donde estén, o cualquier otra variedad. Revisar si el resto de normas que se mandan también habitualmente en casa están claras, se cumplen y se corren con las consecuencias naturales que conllevan. (Difícil es que un hijo sea puntual al regresar a casa si su costumbre es no cumplir con las normas que no le gustan.)

— *Segundo.* El adolescente, para no cumplir esta norma suele emplear argumentos del tipo «A mis amigos les dejan hasta las dos de la noche o más, y tú me obligas a volver a las once. Y quedo fatal. Porque todos se quedan mucho más tarde.» Ante estos argumentos, los padres no deberían ponerse a la defensiva ni enfadarse, con respuestas del tipo: «No me importa lo que hagan tus amigos. En esta casa se hace lo que yo digo». Por el contrario, los padres deberían decirle al hijo que lo entiende y comprende, aunque no puede darle lo que pide. Algo así como: «Comprendo hijo mío que quieras quedarte más tiempo con tus amigos, y sé que aunque sea muy tarde no tienes que estar haciendo nada malo. También sé que tú querrías que fuera como los demás padres, pero no pienso como los demás en esto. Como joven que eres, tendrás que cumplir y respetar normas que no te gustan y esta es una de ellas. Cuando seas mayor y tengas tu propia familia podrás hacer con tus hijos lo que te parezca mejor. Pero a mí me parece que por el orden tuyo y de toda a familia, por la paz de tu madre y la de todos, debes cumplir con este horario.»

Dejando así claro que se comprende el punto de vista del adolescente, pero que no se modifican las normas establecidas, porque obedecen a un porqué y los responsables del horario en una familia son los padres.

— *Tercero*. Los padres deberán manifestarle al hijo que comprenden que regresar con puntualidad por la noche es difícil, por lo que le dan un margen de media hora o quince minutos, según la ciudad. Para poder volver sin problemas dentro de ese margen, si un día encuentra alguna dificultad mayor. No basta con llamar avisando del obstáculo y regresando más tarde. Salvo algo muy excepcional y con consentimiento de los padres.

— *Cuarto*. Si llevan móvil, deberán tenerlo operativo. En caso de que el hijo suela quedarse sin la oportuna cobertura, se deberá indicarle que deberá intentar siempre estar en cobertura, mucho más en torno a la hora cercana a la vuelta. Ya que para eso le sirve también el móvil: para localizarle desde casa si surge algún problema que ellos no pueden prever.

—*Quinto*. Si el hijo no cumple con la norma de volver puntualmente a casa, entonces deberá decírsele algo así como: «*Hemos tratado de ser lo más comprensibles posible, pero no ha servido para ser más responsable con la puntualidad. Así que a partir de ahora, si no respetas la hora de regreso que te hemos fijado, cada vez que llegues con más de diez minutos de retraso, te quedarás en casa el fin de semana siguiente*». O cualquier otra consecuencia natural que se considere apropiada. Advirtiendo que las consecuencias se agravarán cada vez que reincida en esta conducta, hasta que se vea el esfuerzo y el fruto. Si mejora, al cabo de tres semanas o menos, además de valorárselo, se puede negociar nuevamente el horario o las consecuencias de un retraso.

Si sirve de consuelo, en las encuestas de 2000 y 2010, realizadas a adolescentes entre 11 y 27 años, se concluía que no había una hora predominante clara de volver a casa. En la variedad enorme hasta los 25 años, no se relacionaba siquiera con la edad de una forma determinante.

Con todo, hay que asociar, por razones educativas, la hora de regresar a casa con la hora de levantarse. Esto es, si se insiste en la puntualidad a la hora de volver por la noche a casa, ha de insistirse en la misma casa y sobre el mismo hijo en la puntualidad al levantarse. Por varias razones educativas. Entre ellas, porque la segunda facilita la primera.

Así, vuelva a la hora que vuelva por la noche un hijo, hay que asegurarse que se levanta no más tarde de las diez de la mañana, por ejemplo (o a la que determinen los padres en función del ritmo familiar. Porque el adolescente ha de entender que el horario familiar es responsabilidad de los padres, ya que interfiere en todos los integrantes de la familia y él debe acatarlo como uno más de la misma).

De esta forma, cuando un hijo a las tres de la madrugada, recuerda la experiencia que le supone despertarse a la mañana siguiente con dificultad y el coste que le conlleva cada minuto que pasa de las tres (sus consecuencias naturales: agotamiento durante el día siguiente), será más fácil que vaya sopesando la vuelta puntual a casa. Igual que hacen los adultos que han de madrugar: cuestión de experiencia y madurez. Al cabo él lo que quiere es ser cada día más adulto. No debe portarse como un niño irresponsable. Porque volver puntual a casa es cuestión de madurez y responsabilidad.

Lo contrario, poder levantarse a la hora que quiera, o para comer, como hacen muchos adolescentes, no solo es una torpeza estratégica para los padres, sino un error educativo de múltiples consecuencias menores para los hijos, que todas juntas se aúnan en alguna mayor.

CAPÍTULO 20

EL ADOLESCENTE, LA MÚSICA DE MODA Y NUEVOS ÍDOLOS

Algo se ha dicho ya al hablar de las canciones en el capítulo 19 de este libro, al reflexionar sobre el mundo interior del adolescente. Además, en el libro *Las complicaciones del corazón* (Almuzara), en sus capítulos 26 y 30 (*¿Por qué conmueven tanto las canciones?* y *La importancia de las modas y la popularidad*), al hablar sobre la importancia que para los hijos adolescentes tenía la música y el envolvente mundo de la moda. No obstante, es preciso apuntar aquí lo que hay tras la pasión que pueden sentir algunos hijos por una determinada música y sus intérpretes.

Y es que hoy el ser humano del primer mundo —civilizado—, y en particular los jóvenes tienden a identificarse más con las emociones que con las ideas.

Como consecuencia, el adolescente se acostumbra a buscar relacionarse intensa y superficialmente, sin compromisos exigentes con otras personas. Intensas, pero no profundas. Colectivas, no personales. De grandes manifestaciones y poca reflexión. Si las emociones imperan sobre las ideas, el gusto lo hace también. Como todo lo que conlleve espectáculo y se relacione con los sentidos.

Si a esto se añade la nocturnidad o un espacio exclusivo de jóvenes, el éxito está asegurado.

Los espectáculos de música moderna al aire libre contienen estos elementos muy bien concentrados y dosificados. De ahí el éxito. En ellos, confluyen:

— La música en sí.

— El ambiente atractivo para la rebeldía adolescente y el concepto de renovación y generación diferente.

— Estar con amigos. Quedar para ir con ellos. Salir después. Compartir con ellos experiencias emocionalmente más fuertes que las vividas durante el día.

— Estar con iguales («gente como yo») y ser multitud.

— La admiración por un líder: alguien con envidiable éxito y una imagen atractiva para el adolescente que le sigue.

Dada la cantidad de música que un adolescente escucha —*consume*—, la música juega un papel innegable en la formación de los hijos durante la adolescencia.

Además hay que tener en cuenta que cada tipo de música propone a los jóvenes una forma de vivir determinada, una conducta, un lenguaje, una forma de vestir, de divertirse, de relacionarse y tratar a los demás, unas amistades incluso, unas bebidas determinadas. Junto a otros elementos del ceremonial adolescente y juvenil, que sin duda explotan los grupos, cantantes y empresas que se pueden beneficiar. Todo ellos con un esmerado *marketing*.

Al oír una determinada música, el adolescente se comunica con el grupo o intérprete, se identifica con él y se comunica también con el resto del mundo que escucha esta misma música.

Esta relación es típica de la relación más buscada y más encontrada por los jóvenes de este siglo: la de un gran número de conocidos, anónimos más o menos, unidos solo por la emoción, sin mayores compromisos personales.

ADOLESCENTES *FANS*

Muchos adolescentes, además, forman parte de los *fans:* aquellos que viven con mayor intensidad el seguimiento a un grupo o cantante.

Lo mismo que ocurre con los *fans* de actores o actrices, por ejemplo, y con artistas y famosos en general, la atracción por un determinado grupo e intérprete, siempre está relacionado con un espectáculo. En los últimos años, es suficiente el espectáculo de la televisión o internet.

El fenómeno de los *fans* —palabra que procede de *fanatic*— comenzó con Elvis Presley y una vez analizado y descubierto su potencial económico para muchos, continuó alimentado por los responsables artísticos de los Beatles, Rolling Stones, John Travolta... hasta los actuales Jonas Brothers, Miley Cyrus, o Lady Gaga. Y el fenómeno se hizo imprescindible desde el punto de vista del negocio, desde que en los años 90 entra en juego internet y sus infinitas capacidades de potenciar un artista e incrementar sus seguidores en todo el mundo.

Sin duda, el movimiento de fans no es espontáneo. Nada inocente y natural. Nada desinteresado. «*El negocio está* —escuché decir a un conocido profesional y manager de una cantante famosa del momento—, *en explotar los sentimientos de los chicos y, sobre todo, de las chicas menores de 17 años».*

Pero jugar con esos sentimientos resulta, a veces, demasiado arriesgado para los adolescentes.

Si el ídolo o ídolos de un grupo de *fans* sufren o desaparecen, pueden generar un verdadero problema psíquico para sus *fans*. Fruto de su dependencia.

Por ejemplo, la separación del grupo exitoso *That*, provocó que centenares de adolescentes se plantearan el suicidio y miles lo llevaran a cabo o intentaran. Por lo que la discográfica habilitó una línea telefónica exclusiva, que también cobraba, especializada en antidepresión, para atender a sus *fans* desesperados.

O la consecuente desilusión que la suspensión de algún concierto reciente ha generado entre los seguidores de un famoso cantante. La repercusión en miles de adolescentes de la muerte de Michael Jackson que esperaban verle en directo en sus últimos conciertos. O lo que han sufrido los *fans* de cantantes que se suicidaron o simplemente comprometieron sentimentalmente con alguien. Con lo que algunos *fans* se sintieron desconsolados, casi engañados por la afortunada o afortunado.

Un millón de situaciones de las más diversas, esmeradamente conducidas por los responsables de cantantes, grupos, actores, famosos, en pro de mayores beneficios. Quizá por eso el propio Michael dijo días antes de morir que valía más muerto que vivo.

¿POR QUÉ TANTA LOCURA?

Porque para los *fans* esos ídolos se convierten en modelos a partir de los cuales crear su propia identidad. Llegando a sustituir el ídolo a la figura de los padres, y el grupo de *fans* a la familia.

Hoy, los ídolos se diseñan siguiendo un milimétrico *marketing*. Por eso es previsible el éxito. Y así, por ejemplo, se hacen portavoces de determinadas ideas que los jóvenes quieren escuchar. Añadiendo algo de arte y acierto en la envoltura como se lanza a la masa de adolescentes.

La industria que impulsa estos ídolos crean también los clubes de *fans*, ofrecen locales, páginas *web*, apoyo... y las *fans* alimentan el mercado escribiendo cartas, esperando horas a sus ídolos en la calle, confeccionando o comprando revistas, entrando en sus *webs*, etc.

El negocio está asegurado. Porque la música, el cine y los espectáculos en general, hoy tienen más del 54% de sus compradores en adolescentes de menos de 18 años.

CAPÍTULO 21

SUSTANCIAS Y CONSUMOS DE RIESGO: EL ADOLESCENTE Y LAS DROGAS

Droga es toda sustancia química, natural o sintética que, introducida en el organismo por diferentes vías, actúa sobre el sistema nervioso, dando lugar a alteraciones de la personalidad y trastornos de conducta, provocando efectos perjudiciales, tanto para el individuo que la consume, como para la familia y la sociedad donde se desenvuelve.

SITUACIÓN ACTUAL

La situación actual de las drogas en la adolescencia está marcada por:

— *Frecuencia*: Creciente alarmantemente entre los más jóvenes. Con menor preocupación y mayor prestigio en aumento algunas de ellas, como el alcohol.

— *Edad*. La edad a la que un consumidor de droga llega a ser adicto es mucho más temprana en los últimos años: 12 y 13 años.

Hoy:

— El consumo de tabaco comienza a los 12 años.

— El de alcohol a los 13.

— El de hachís a los 14.

— El de éxtasis a los 15.

— El de alucinógenos a los 15.

— Y el de cocaína a los 15 años.

— Y el de pornografía a los 8-9.

En la adolescencia es cuando se inicia la drogadicción.

— Sexo. Cada día afecta más a la chica adolescente. Con la gravedad de saber que la mujer tiene un metabolismo menos adaptado para asimilar algunas de las drogas más extendidas, por ejemplo, el alcohol.

— Tipo de droga. Se consumen más hoy las mal llamadas drogas blandas, que aquellas drogas duras que enganchan solo con unas cuantas dosis. Y cada vez se mezclan más las drogas. Consumidas por vías más rápidas y con efectos más pronunciados. Hoy sabemos que el cannabis que se consume en la actualidad, con respecto al que se cinsumía hace más de diez años, es un cannabis con efectos permanentes cerebrales más dañinos.

ACTITUD DEL ADOLESCENTE

Muchos adolescentes piensan que drogarse, cuando uno sale, es ir con los tiempos. Sobre todo, cannabis —*porro*— y alcohol. No hacerlo, un anacronismo.

Una de las características de la adolescencia es su capacidad de traducir en actos sus conflictos y angustias, en lugar de proceder a su interiorización e intentar solucionarlas, tras someterlas a un juicio previo.

Como consecuencia, el propio adolescente se siente extrañado ante sus propios actos. Como si no existiera una relación directa entre su manera de pensar y el acto que producen.

Sus conductas anómalas, como la drogadicción, se llevan a cabo sin una profunda reflexión. No por falta de capacidad reflexiva, sino por escaso intervalo de tiempo entre su pensamiento y su acto.

Aunque no se haya reflexionado sobre todas sus consecuencias, pasar al acto es una tendencia en el adolescente, una tendencia en la que convergen la búsqueda de su identidad, el uso de su autonomía, el ejercicio de su libertad, el medio familiar y la pandilla a la que quiere pertenecer o de la que teme ser excluido.

CAUSAS POR LAS QUE SE PRUEBA LA DROGA

Causas Personales:

— Un mal o bajo concepto de sí mismo y de su capacidad. Lo que le induce al convencimiento de no ser capaz de luchar y vencer.

— Baja tolerancia a las frustraciones y contrariedades, lo que a su vez, está condicionada por:

- Falta de entrenamiento. Haber sufrido pocas contrariedades o no haberse enfrentado a sus propios obstáculos y haberlos superado sin perder la paz.

- Estar excesivamente atendido durante la infancia y adolescencia.

- No haber padecido micro-traumas que endurezcan la personalidad.

— Tendencia a la depresión.

— Nivel de relaciones sociales bajo. Pocos amigos.

— No tener perspectivas de futuro.

— Ser personas que:

- Tienen que probarlo todo.

- Consumirlo todo rápidamente.

- Disfrutar al máximo.

- Gozar plenamente. «*A tope*».

- Querer exprimir la vida. «*Carpe diem*».

Causas Familiares:

— Los adolescentes que se drogan suelen proceder —aunque no sucede siempre— de hogares donde no se vivió el amor, la rivalidad o la generosidad familiar de una forma adecuada.

— La falta de un modelo familiar.

— La ausencia de una escala de valores vivida consecuentemente en la familia.

Causas Escolares:

— Fracaso escolar.

— Falta de pertenencia.

Causas Sociales:

— Los medios de comunicación y los modelos que proponen al adolescente.

— La falta de autoridad.

— La falta de atención y vigilancia.

— La incertidumbre social.

— Falta de una escala de valores social atractiva.

— Falta de modelos imitables verdaderamente. Que encarnen el esfuerzo, el valor, el trabajo y la bondad.

— El paro y la pobreza de perspectivas.

— La adolescencia prolongada.

FACTORES DE RIESGO

— Tener curiosidad por experimentar. La curiosidad es una característica de la adolescencia, pero que es preciso educar para impedir situaciones de riesgo.

— Sufrir la presión de un grupo. En el que algunos de

sus líderes se adentran en el mundo de la droga o son ya drogadictos.

— Buscar placer. El consumo de drogas se relaciona con el deseo de desconectar de las exigencias de la realidad, en un intento de disfrutar al máximo del tiempo libre. Si el adolescente no disfruta sin las drogas y se siente agobiado, acudirá con probabilidad a las drogas buscando divertirse y deshacerse de sus agobios.

— Tener acceso a drogas. Las drogas están cerca del adolescente, pero éste ha de disponer de dinero para que se efectúe el inicio.

FACTORES DE PROTECCIÓN

Entre los factores que ayudarían a proteger a los adolescentes ante el veneno de la droga, con demasiada probabilidad de que resulte mortal, existen algunos que pertenecen a la esfera de lo público. Es decir, dependen de una serie de cambios culturales y legislativos de la sociedad, como son: eliminar la publicidad de bebidas alcohólicas, aumentar su precio, cumplir rigurosamente las leyes de prohibición de venta de alcohol a menores, etc.

Pero hay otros factores que dependen del adolescente, potencial consumidor, para iniciarse o seguir consumiendo tras probarlas. Y entre ellos, destacan:

— Orientar sanamente la curiosidad adolescente, para que no se interese por conductas de riesgo.

— Educar los valores fundamentales y la actitud de respeto y responsabilidad.

— Estimular la autoestima.

— Desarrollar habilidades sociales para desenvolverse con autonomía en relación con el grupo con el que sale a divertirse, y si hace falta para cambiar de grupo.

— Vivir de forma más sana y rica el tiempo libre.

— Favorecer la autoridad paterna y materna. Para que el adolescente asuma como propias las normas y los límites.

— Evitar rodearse de drogas. A mayor acceso, mayor consumo y mayor abuso.

¿QUÉ PRETENDE EL ADOLESCENTE CON LA DROGA?

— Aliviar su angustia.

— Eludir una responsabilidad o huir de una situación frustrante y desagradable.

— Poder realizar, en sueños, lo que no le es posible en realidad.

— Buscar la amistad o comprensión de otros.

¿LOS PADRES DEBEN HABLAR AL HIJO DE LA DROGA?

En efecto, deben darle a conocer la realidad de la droga, tanto desde el punto de vista científico como de su visión personal.

Si no le informan ellos, otros lo harán. Han de hacerlo, eso sí, con realismo. Para que libremente el hijo no se inicie en su consumo. Para que deje de consumirla si ya lo hace. O para que sepa al menos a qué se expone, también desde el punto de vista familiar y a qué expone a la familia entera.

¿QUÉ DEBE CONOCER EL ADOLESCENTE?

— Que el hecho de fumar un «porro» no significa que se haya convertido en drogadicto.

— Que el «porro» no crea dependencia física, sino psíquica. Igual que ocurre con el tabaco.

— Que a través de la droga, el individuo alivia momentáneamente su tensión y problema, pero solo por olvido, no por resolución.

—Que su situación, sea cual fuere, es reversible. Ahora.

Pero al mismo tiempo ha de conocer que:

— El «porro» es el inicio de un camino.

— Que todo el mundo que acaba mal, tirado en las calles, solo o muerto de sobredosis, comienza diciendo: «a mí no me pasa nada».

—Que la droga —fuera de los usos médicos— siempre produce daño y casi siempre enorme.

—Que cuando el adolescente se introduce en el mundo de la droga, su salida es difícil. Salvo tratamientos duros.

—Que el «*porro*» —mucho más inofensivo que la droga dura— produce aún así esterilidad, malformaciones congénitas en la descendencia e infartos de miocardio.

—Que una de las principales causas de muerte en adolescentes se debe, indirecta o directamente, a la droga.

—Que no siempre se pasa bien con la droga, sino que con frecuencia los efectos son horrorosos.

—Que en lugar de aumentar la potencia sexual, en verdad la disminuye a la larga, causando frigidez e impotencia.

—Que los hijos de los drogadictos pueden nacer dependientes de la droga.

—Que las satisfacciones, cuando existen, son pasajeras y siempre engañosas.

—Que ningún toxicómano llega a la vejez.

CAPÍTULO 22
HARTOS DE DISCUTIR

Una de las frecuentes quejas de los padres con hijos adolescentes es: «¡*por qué tendremos que estar siempre discutiendo*!»

En efecto, en muchas familias los adolescentes parecen estar dispuestos a discutir por cualquier cosa, por insustancial que sea, y siempre.

Esta forma de combate verbal aumenta a medida que el adolescente crece, porque desarrolla una mayor habilidad verbal y una mayor experiencia en el trato con sus padres. Además, existen más cosas sobre las que desean discutir.

Con esta mayor habilidad, que tan útil le será cuando llegue a adulto, ahora logra desesperar a sus padres.

Lo cierto es que el núcleo fundamental de cómo un hijo discute, lo ha aprendido de sus padres. De las discusiones entre ellos y de cómo el padre y la madre argumentan cuando discuten con los hijos. Normalmente repiten gestos, palabras, quizá desproporcionados, pero repetidos de sus padres. Esto indicará a los padres que deberán:

— Tener más autodominio en sus discusiones y su forma de argumentar,

— Y valorar la opinión contraria del cónyuge y el resto de los hijos o familiares.

El adolescente cuando discute, lo que está diciendo es: «*Como ya no tengo edad de patalear ni protestar con una rabieta física, tendré que emplear una rabieta verbal. No porque crea que con la discusión os convenceré, sino para que al menos os deis cuenta de lo enfadado que estoy y a disgusto por lo que habéis dicho o hecho*».

Algunos adolescentes saben que están argumentando algo con cierta sensatez, pero muchos padres tienen la costumbre de no admitir, cuando están discutiendo, que el adolescente puede llevar razón. Esto provoca muchas más discusiones, porque el hijo se siente incomprendido por norma.

Con frecuencia los padres e hijos discuten en términos parecidos a estos:

— «*¿Por qué no puedo ir? Todos mis amigos van. A mi hermano mayor le dejabais hacer muchas más cosas que a mí*».
— «*Eso no es verdad. Ya te he dicho que no puedes ir y punto. No discutamos más*».
— «*Nunca me dejas hacer nada. No te fías de mí. Eres injusto*».
— «*No digo que te equivoques, sino que no puedes ir. Te permito hacer muchas cosas, pero a ti nunca te basta. Siempre quieres más*».
— «*Aún no entiendo por qué no puedo ir*».
— «*Si no te callas me va a dar algo. No quiero oír una palabra más. ¡Está claro?*»
— «*Pero...*»

Con diálogos como estos, muy corrientes, el hijo adolescente no se siente comprendido ni valorado y el padre o madre se agota en discutir, rendirse o ganar la discusión, pero enfadado y a disgusto. Hay fórmulas más adecuadas:

— Lo primero es reflexionar sobre con qué frecuencia se discute con el hijo. Si se hace con regularidad, quizá parte del problema y desde luego de la solución esté en los padres.

— Segundo. Los padres deben pensar por qué discuten. Quizá piensen que el hijo debe escucharles. Quizá lo que ocurra es que los padres discuten porque se enfadan (como los hijos) y les importa más ganar la discusión e imponerse como padres, que acertar con los argumentos que necesitan sus hijos y centrarse en ellos. Pero no han de olvidar que discutir no sirve para nada.

— Tercero. Escuchar lo que el hijo está argumentando. No reaccionar ante el primer signo de rebeldía. Manifestar al hijo que los padres están dispuestos a escuchar seriamente sus argumentos y que esperan que él haga lo mismo. Que desean realmente no discutir tanto y que pondrán esfuerzo por no discutir, por lo que también le piden y esperan que él haga lo mismo.

—Cuarto. Si el hijo sigue discutiendo con parecida frecuencia, entonces en cada discusión los padres deberán explicar sus argumentos solo dos veces. Si sigue discutiendo, entonces deberán decirle algo así como: «*Parece que nada sirve para entendernos y por más que te diga, no te convenceré. Por tanto creo que no deberemos discutir más sobre este tema.*» Y deberán realmente dejar de hacerlo. Entonces, a menos que el hijo diga algo que compense, el padre o la madre que esté discutiendo con el hijo le podrá decir: «*Creo que solo te sentirás bien si estoy de acuerdo contigo, pero a veces, simplemente, no lo estoy*».

— Quinto. Nunca deben discutir con un hijo los dos padres a la vez, aunque quede implícito que están de acuerdo. Así se dará más fácilmente opción a la reconciliación, a través del cónyuge no presente en la discusión.

— Sexto. Si no deja de discutir, pese a que los padres se hayan mostrado comprensivos y serenos, entonces se deberá exponer la opinión y marcharse de la presencia del hijo, aunque éste siga discutiendo. Sin responderle si sigue discutiendo. La ignorancia de la conducta, llegado este punto, suele ser más eficaz que las palabras que prolongan la discusión.

— Séptimo. Si el caso es grave y lo anterior no ha funcionado, los padres deberán decirle: «*He intentado no discutir contigo, pero parece que tú no quieres dejarlo, así que te advertiré una vez que dejes de discutir. Si no lo haces, tendrás que acarrear con las consecuencias que te diré ahora. Éstas aumentarán cada vez que discutas conmigo, hasta que dejes de hacerlo. Si no aprendes a controlarte, no podrás...* [la consecuencia que se estime oportuna]. *Espero que recapacites*». Esto debe bastar, siempre que las consecuencias sean importantes para el hijo.

— Octavo. Cuando el hijo en cualquiera de los pasos haga un pequeño esfuerzo, los padres deberán reconocérselo. Aunque el hijo manifestase su asombro y disgusto ante la postura de sus padres, éstos no deberán inmutarse. También tendrán que buscar cualquier ocasión para decirle que puede que lleve razón en alguno de sus planteamientos y que parece sensato y justo que los padres necesiten reflexionar sobre ello a solas. De forma que le dejen claro que, aunque las discusiones deben cesar, siempre estarán dispuestos a escucharle y tener en cuenta sus opiniones, al tiempo que se pide un tiempo muerto en la discusión.

Pero recordemos, la mayoría de las veces no hace falta llegar tan lejos, porque los hijos aprendieron de sus padres a discutir. Basta demostrar una nueva disposición a la comprensión y no responder a su rebeldía con también rebeldía por parte de los padres, para que el adolescente por sí solo reconduzca lo que comenzará a reconocer como un acto sin fruto.

No ha de olvidarse que un hijo, más que lograr lo que desea circunstancialmente en ese instante, lo que de verdad quiere es que sus padres tengan la seguridad que a él le falta y un criterio firme que busque su bien como hijo, estén equivocados o no.

La experiencia lo confirma. Cuando un hijo pide algo una y otra vez ante el paciente *no* de sus padres, cuando el padre o la madre cambia su repetido *no* por un *sí*, lejos de admitirlo sin más, el hijo pregunta extrañado: *¿entonces, puedo hacerlo?* Porque lo que espera de ellos es la fiabilidad del *sí* y del *no*. Que lo que los padres le mandan y no le permiten, sea por el bien objetivo del hijo y no porinterés o comodidad de los padres. Porque actuar así es, al fin y al cabo, lo que desea para él y le cuesta.

CAPÍTULO 23

DESPUÉS LO HARÉ O MEJOR MAÑANA

A veces, a los adolescentes parece resultarles biológicamente imposible hacer algunas cosas con diligencia, cuando se les pide u ordena, en el tiempo en que se pueden hacer y sin más dilación.

Los padres se desesperan, irritan, molestan cuando su hijo debe hacer algo, puede hacerlo y lo ven esperar hasta el último momento para ponerse en acción.

«Por cierto papá, mañana tengo que…», espera a decir a las once de la noche, cuando ya ningún preparativo se puede comprar o cuando ya todos se iban a retirar para descansar.

Al oír algo así los padres, mientras observan a su hijo impasible, huidizo en la mirada, sentados inmóviles en un sillón, casi escondiéndose detrás de una puerta, un mueble o yéndose a su cuarto, suelen reaccionar con todo tipo de exclamaciones de desesperación y fastidio, mezcladas con seguidas preguntas.

La reacción del adolescente suele ser: *«Bueno, déjalo ya. No te preocupes. Me las arreglaré yo solo. Déjalo.»*

A lo que algunos padres rematan: *«Siempre igual. Improvisando. A ver si eres más responsable. Es que siempre hay que estar encima de ti.»*

Los padres se preocupan porque temen si su hijo algún día será capaz de ser responsable y hacer las cosas que debe con diligencia. Sin dejar las cosas para el final, para después, para mañana, por pereza o por no se sabe qué.

La verdad es que el proyecto de hombre o mujer que es todo adolescente exige aprender lentamente. En particular lo que se refiere a la responsabilidad y a encargarse de las cosas.

Los adolescentes parecen desinteresados, dejados voluntariamente, provocativamente desatentos. Pero se trata de una torpeza típicamente adolescente que en otro orden de cosas, por ejemplo, les hace tener poca destreza con las manos y tirarlo todo o no agarrarlo con fuerza, derramar un vaso de agua en la mesa, etc.

El adolescente en esta falta de diligencia —todo para *después* o *mañana*—, ante una responsabilidad, esconde en realidad, junto a su parte de pereza física también propia de la edad, un intento de esconderse de la responsabilidad de adulto. Desea ser aún niño, dependiente. Un deseo que existe en todo adolescente sano y maduro para su edad. Pero al mismo tiempo ansioso por ser adulto.

El que retrasa lo que tiene que hacer es el niño que hay en el adolescente.

Los padres, no obstante, le ayudarán a madurar, exigiéndole mayor diligencia con paciencia, enseñándole cómo controlar esta desesperante conducta por el bien de todos.

Sin desesperarse ni gritarle al hijo toda clase de atribuciones que no le hacen más que sentirse culpable.

Hay que tener en cuenta que tampoco el hijo entiende la razón por la que es tan poco activo, y que no es solo pereza.

Sus padres demuestran, además, con estos gritos, que no comprenden su adolescencia y su apatía, que tan difícil le resulta controlar a él mismo.

Como en todo, los padres, además de ser pacientes —siempre se puede más— han de elogiar cualquier avance que el adolescente experimente en su diligencia.

CAPÍTULO 24
ELLOS Y SU MÓVIL, IPOD, INTERNET, ETC.

El sociólogo Zygmunt Bauman describió el fenómeno con una metáfora: «*Cuando encendemos el móvil, apagamos la calle.*»

Para muchísimos adolescentes, el móvil es la extensión natural de su mano. Ellos mismos casi. Su agenda es su mente, donde guardan los datos más importantes. Su carpeta de imágenes, sus pruebas de amistad, belleza, hazañas, valor y cuanto quieren retener. El contacto con los demás. Que los demás cuenten con ellos. Ser algo para alguien, y poder evitar sentirse solo.

Con el móvil en la mano uno siente que siempre que alguien en el mundo quiera hablar con él, no faltará de su parte que pueda localizarle. Y cuando se comience a sentir solo, esté donde esté, siempre podrá poner un mensaje a alguien o llamarle y recibir su respuesta.

Tocar su móvil es como tocar su alma para muchos adolescentes que han reducido su vida interior a su tarjeta de almacenamiento.

Los adolescentes cuentan por el móvil, ipod, messenger, facebook, myspace, tuenti o el sistema de moda, los acontecimientos más importantes de su vida. Cuando no los tienen, el móvil permite que parezca que los tienen.

El móvil consigue que alguien les preste atención personal.

Cuando uno descuelga el teléfono y otro lo coge, le presta atención, está disponible para él. Personalmente nunca lo conseguiría. Iría a hablar con él y este estaría ocupado con algo y a uno le costaría interrumpirle salvo que fuera una cosa muy importante y ante ese obstáculo, el adolescente desecharía intentarlo.

Al teléfono o similar uno llama cuando se siente con necesidad o ganas de hablar. Aunque no sea de nada importante y siempre hay quien le coja. Quien le preste atención. Además, como no ve lo que está haciendo el que descuelga, parece que está siempre dispuesto para él. Se siente más atendido, menos solo.

A su vez, a quien recibe la llamada le llena ser objeto de la llamada de otro, de la necesidad de alguien. Y así se obra el milagro de hablar continuamente, aunque no sea de nada importante o se vayan a ver al cabo de un rato.

El uso desmedido como parte de uno mismo del móvil es más grave en un adolescente formándose más la huella que deja en su carácter, que por el coste de la factura que conlleva.

Los padres deberían intentar convencer a sus hijos de que disminuyan su uso. Partan del consumo que partan. Un poco al principio. Algo más, conforme maduren. Para ello, puede ser útil comenzar por:

— No tenerlo siempre en la mano. Mejor en un bolsillo. O al alcance de la mano, pero no encima del cuerpo. Crea menos adicción. Es algo parecido al mando de la tv.

— Si no la totalidad, al menos que paguen una parte de su coste, dependiendo de las circunstancias y edad.

— Dejarlo en la entrada de casa, junto a los demás móviles de la familia, si desde allí se oyen caso de que suenen y se pueda coger a tiempo. Si no, en lugar similar, mejor que llevarlo encima para estar en casa.

—Que los hijos comprueben por sí mismos el control de su adicción a la conexión. Demostrándose, por ejemplo, que durante una hora al día son capaces de sobrevivir sin saber dónde está su móvil, porque se lo dejen a sus padres, que no lo descolgarán si les llaman. Aun más tiempo si es posible. Hasta lograr un día. Si alguien siente ansiedad, nerviosismo por no tener acceso un día a su móvil es que ya es adicto y deberá tener cuidado, porque el móvil —aunque parezca un buen sucedáneo-no sustituye la relación personal cara a cara, ni aporta los mismos beneficios y prevenciones que la relación que todo ser humano necesita con los demás.

— Pedir perdón y permiso para excusarse cuando reciben una llamada ante otros. En familia y fuera de ello.

— No hablar junto a otra persona, por la descortesía que supone para este segundo, salvo que sea menos de treinta segundos.

— Que sean conscientes de la enormidad de datos que se conocen de alguien cuando éste habla por teléfono a su alrededor, e ignoran a los que le están oyendo. (Durante un trayecto en ave, me enteré un día antes que saliera en prensa quién iba a ser designada como

Ministra en España, y de alguna de sus inconfesables peculiaridades, que la prensa cuatro años después aún no ha sacado. Todo por una conversación que le escuché a su hermano, a quien tenía sentado a mi lado y no podía dejar de escuchar. Hablaba por el móvil creyendo que lo hacía en clave con otro familiar, pero decía mucho más de lo prudente. También sobre él).

— Si los padres quieren que su hijo termine una conversación habrá que avisarle al menos con un minuto de antelación. Pactar con él esto de antemano. Acordar: «Desde ahora cuando quiera avisarte que ya has de cortar la llamada, te avisaré y desde que te avise cuentas solo con un minuto para cortar. Si no, al terminar te quedarás sin teléfono, por no saber utilizarlo».

— Los padres deben saber que el teléfono, móvil, fijo, ipod, facebook, etc., es un instrumento educativo vital, por la importancia y frecuencia que tiene para el hijo. No es un medio de comunicación inocuo. Por eso, con independencia de quién pagó el móvil, quién lo consiguió, regaló, y quién paga la factura de su consumo, como todo lo que emplea el adolescente, ha de estar regido por las normas establecidas por los padres. Acaso acordadas con los hijos.

La adicción al móvil no plantea más problemas que el hecho de ser una adicción y sumergir al adolescente en un mundo donde los afectos se viven desenfocados. No como serían sin ese instrumento.

Pero de poco sirve hablarle a un hijo del uso del móvil y variantes de comunicación multimedia y red social, si los adictos son los padres. Quizá haya que revisar la adicción de los padres al sucedáneo de las relaciones virtuales y las conversaciones que enmascaran la soledad. Que no se va del todo por más llamadas que hagan o reciban. Pero la mitiga.

Contra la soledad, solo cabe el remedio de la generosidad. Preocuparse por los demás. Implicarse, con tiempo y ocupación, no solo con la factura del móvil.

Cuando muchos adolescentes llaman por un móvil, les importa más su estado como emisores (lo que van a decir o quieren saber), que el otro. Y la soledad así se disimula, pero no se cura. Se acrecienta.

CAPÍTULO 25
ADOLESCENTES SOLOS Y SIN SENTIDO

A muchos adolescentes de hoy les pasa lo que Víctor Frankl definió como un *vacío existencial*.

Preocupación, angustia, incertidumbre, falta de paz, de alegría, de felicidad. La causa: el hecho de que el adolescente pierda su sentido, su misión trascendente, su esperanza en el futuro, algo que esperar con ilusión.

Como consecuencia, no sabe cómo vivir feliz, satisfecho, o lo hace de una manera atolondrada y, por consiguiente, sin éxito. Nietzsche decía que *«aquél que tiene un porqué para vivir, encuentra un cómo»*. Por eso, quien no tiene el porqué, tampoco sabe el cómo.

El vacío existencial, la pérdida de sentido personal, conduce a la búsqueda febril de satisfacciones personales, que al no ser plenamente satisfactorias por medios naturales, recurre a otros procedimientos. También artificiales, como el alcohol u otras drogas. O pasiones llevadas al extremo. Que hacen al adolescente, como mecanismo de compensación, buscar la protesta o la rebeldía.

El ser humano —el adolescente— solo alcanza la felicidad si el sentido de su vida sale fuera de él. El adolescente con vacío existencial no tiene dónde querer ir, lo que le provoca, además, ansiedad y riesgo. Incluso de su vida, llegado el caso.

Cualquier ser humano, joven o viejo, que luche por algo que da sentido a su existencia, procurará conseguir los medios —poder, dinero, influencias…— para lograr el objeto que da razón de ser a su vida. Si desaparece esa razón, pierde el porqué de su lucha y su progreso, y la situación en que se desenvuelve se convierte, de suyo, en problemática y peligrosa.

UN PROBLEMA VITAL

El problema mayor no es el miedo a morir, como se deduce del desafío descarado a la muerte en las diversiones, deportes, placeres, etc., sino el miedo a la vida, el miedo a vivir una vida sin trascendencia y sin sentido. El miedo a tener que soportar una vida sin contenido. El miedo a un futuro vacío. El miedo a vivir en un mundo en que se imponga la lucha para triunfar. Y que al final solo espere la nada. Con lo que todo triunfo se convertiría en infinito fracaso.

Pero con ser esto inquietante y causa de la llamada *neurosis noética*, lo peor es existir sin vivir. Sin participar. Llegar a darse cuenta un día que, de haber vivido lo temporal en el presente, se podría haber conquistado lo atemporal en el futuro. Que pretender poseer la parte, les condujo a la nada y a la pérdida del todo.

ES CONTAGIOSO

El vacío existencial es contagioso y se extiende como una mancha de petróleo en el mar o el aceite en un papel poroso. Basta a veces una pequeña salpicadura para extenderse.

No respeta clases sociales ni edades. Afecta tanto al mundo más civilizado como al tercer mundo. Tanto a los sistemas democráticos, como a los totalitarios.

A través del desarrollo de la inteligencia, de la apertura de miras, es como el ser humano ansía su plenitud y al no encontrarla por alguna causa, su vida queda coartada. Insoportable, si sufre esta frustración con gran intensidad.

En Europa el suicidio ocupa el primer lugar, tras los accidentes de tráfico, como causa de la muerte de adolescentes. Y en Norteamérica, el segundo. Además hay que tener en cuenta que:

— Tras muchos accidentes de tráfico en que conducían adolescentes hay un pseudo-suicidio o juego de posibilidades, asumiendo el riesgo conscientemente.

— Y que muchos suicidios se quedan en tentativa y no llegan lógicamente a la estadística como muertes.

En el 85% de los intentos de suicidios norteamericanos, la causa era que no encontraban sentido a sus vidas. Lo curioso es que, de ellos, el 93% gozaban de:

— Excelente salud física y psíquica,

— Tenían buena situación económica,

— Se entendían perfectamente con sus familiares,

— Desarrollaban una actividad social,

— Estaban satisfechos de los progresos en sus estudios, y

— Tenían cubiertas todas sus necesidades.

¿CÓMO ADVERTIR EL VACÍO EN UN ADOLESCENTE?

Sería erróneo caer en el alarmismo de ver en todos los adolescentes este vacío, por el hecho de descubrir en ellos algunos de los síntomas antes citados.

Para que haya peligro es preciso que se den estos síntomas a modo de estado, no de forma transitoria. Y que se den con intensidad, ya que la tendencia a la ansiedad, a la angustia y al desconcierto, son frecuentes en la adolescencia sana.

Lo importante es que a los padres les alarmen y examinen las causas de los síntomas que se pueden encontrar en su hijo:

— No estudiar como antes y no tener actitud de hacerlo. Caso de no tener una razón que lo sustituya y sea noble, como ayudar a alguien, por ejemplo.

— Perder la ilusión que se tenía por el futuro, sintiéndose sin proyección, indeciso y malhumorado.

— Volverse taciturno, en extremo. No confiar en los padres ni mostrar demasiada aversión.

— Tender a los ruidos extremos, movimientos violentos, velocidad, alcohol o droga, o varios a la vez, que es lo más común.

— Haber perdido la ilusión de vivir y luchar. Que se traduce en falta de coraje por buscar un incentivo para seguir haciendo algo, continuar o emprender proyectos. O vivir simplemente.

— Presentar impulsos agresivos desmesurados.

— Buscar desordenadamente la diversión y el placer.

Es curioso comprobar que entre aquellas personas que manifiestan más necesidad de ruido, de diversión, que asisten con mayor asiduidad a discotecas y similares, se encuentra el mayor número de adolescentes que está padeciendo el vacío existencial.

¿QUÉ HACER?

¿Cuál debe ser la conducta a seguir por parte de los padres que detectan estos síntomas?

— No ser ni alarmistas que lo dan todo por perdido. Ni absurdos optimistas que piensan que todo pasa.

— Si su hijo se encuentra en esta situación de vacío, intentar descubrir la causa. La mayoría de las ocasiones no será por causas ocultas ni siquiera demasiado graves y bastará el interés de los padres para descubrirla y poder solucionarla.

— Si no se logra descubrir su causa, pedir ayuda y consultar a un técnico, sin demora. Igual que se hace si el hijo tiene fiebre.

— Estar dispuestos entonces, más que nunca, a volcarse en amor, en comprensión y en servicio al hijo. Cambiando y dejando cuanto sea necesario.

— Antes de ninguna consulta, antes de tomar ninguna actitud, tan pronto como comienza la adolescencia y el hijo comienza a comportarse de forma diferente, los padres han de analizar su actitud frente al hijo, de forma valiente y profunda, para detectar posibles errores y cambiar a tiempo.

— Los padres siguen siendo el modelo que imitan todos los adolescentes en buena parte de su comportamiento. Un adolescente con vacío existencial necesita muy especialmente unos padres modelos del ser humano que hallan en cada día de su vida el sentido que les mueve y sostiene alegres y felices. Que progresan personalmente, sin que nada pueda destruir su convicción de que llegarán a alcanzar el fin que se han propuesto y que habrá merecido la pena haber vivido buscándolo. Porque cada una de sus vidas, está llena de sentido, de existencia plena.

CAPÍTULO 26

UN CAMBIO HISTÓRICO: LA GENERACIÓN «DESARMADA»

En el libro Educa sin estrés (Toromítico) describí las difeentes generaciones que desde 1960 se han sucedido y que hoy son padres, madres e hijos o hijas. La generación de los nacidos en los 60 (Generación X), la de los nacidos en los 80 (Millenials o Y), la de los 90 (Generación Z), la de los nacidos tras 2010 y el impacto de las redes sociales y la de quienes nacieron después de 2020 con la difusión de la inteligencia artificial y la experiencia pandémica dle COVID19. Estas tres últimas (nacidas tras los 90) son generaciones que podemos agrupar en una, de niños o niñas y adolescentes desarmados ante los problemas que le sobrevienen. Una generación que algunos llaman «*zombie*» y quizá sea más exacto denominar: «*la generación desarmada*».

Los problemas dejan de serlo cuando uno se enfrenta a ellos con los medios adecuados y se resuelven. Pero si un adolescente se encuentra desarmado para resolver problemas, éstos no dejan de acumularse sobre sus espaldas y aumenta en él la sensación de frustración, tristeza, aislamiento, vacío: soledad, falta de sentido. Los problemas crecen cuando se rechaza ponerse a resolverlos.

Por primera vez en la historia moderna, una generación vivirá peor que la de sus padres. Así lo piensan los adolescentes en las distintas encuestas que ellos mismos responden entre los 10 y 30 años. Entre otras, la publicada en el prestigioso informe que la Fundación Santa María elabora cada cinco años.

RASGOS DE «*LA GENERACIÓN DESARMADA*»

Según se deduce estudiando a fondo sus respuestas, los adolescentes de hoy se definen desconfiados en la capacidad del ser humano y desprecian los valores que les hacen líderes de la sociedad donde viven. Otros rasgos que definen la generación de los hijos de hoy, enormemente elocuentes, son:

— Valoran muy positivamente la familia, lo que más valoran. Tras la familia: La salud, los amigos, ganar dinero, el tiempo libre, el trabajo, la formación profesional y estudios, la vida digna y moral, encontrar o conservar una buena pareja, una vida sexual satisfactoria, la política, y por último, la religión.

— No apoyan causas distintas a su bienestar particular. Se hacen cada vez más individualistas.

—La inmensa mayoría, también creciente (en 2010, el 81%), no pertenecen a ningún tipo de asociación u organización, ya sea juvenil, cultural o deportiva.

— La mayoría asiste al botellón o modelos similares de reunión masiva.

— La mayoría no aprueba asociaciones ecologistas o pro-derechos humanos, pacifistas, contra la discriminación racial, etc.

— La inmensa mayoría, también creciente (en 2010, el 70%), mantienen sus relaciones personales habitualmente a solas, ante una pantalla, en Facebook, MySpace, tuenti, etc. Reconociendo que no se comportarían igual ni dirían lo mismo de encontrarse cara a cara con los que se relacionan cibernéticamente. Expuestos a los riesgos de la ensoñación, fantasía, vivir múltiples personalidades y rasgos irreales que puede potenciar la experiencia de dicho medio de relación, cuando es predominante.

— La mitad de los hijos adolescentes piensan que no tendrán un futuro prometedor que les satisfará.

— A la mayoría no les interesa la política ni la religión. Avanza, por tanto, hacia a una mayor soledad.

— No les gusta el mundo donde viven, pero no están dispuestos a hacer nada por cambiarlo. Salvo refugiarse.

Se trata de una generación desarmada, expuesta a lo que quieran hacer con ella los diferentes grupos de poder.

En Europa destaca España en desconfianza en la sociedad y el prójimo. Como se desconfía de la situación económica.

A cambio aumenta la necesidad del refugio básico: la familia y los amigos.

Pero en muchos casos, más que valorar la familia (la mayoría de los adolescentes quieren tener de mayores dos hijos), lo que valora el hijo adolescente es el cobijo. Por ello, los adolescentes necesitan más que nunca:

— Padres que exijan lo que crean necesario y conveniente para los hijos,

— Que les eduquen en los valores en los que crean con convicción,

— Que no acepten cobardemente el pacto corrupto de una pseudo-paz familiar a cambio de no inmiscuirse en las cuestiones que más les cuestan: amigos, estudios, ayuda en casa, esfuerzo, mejora...

La frustración es un indicador necesario para el ser humano. Tolerarla es un valor. Garantía de felicidad. Pero ignorarla asegura una catástrofe en la felicidad.

Carecer de ideales, haber renunciado a ellos para no hacer el esfuerzo de lograrlos y no sentir padecimiento aparente por ello, es un mal nuevo que asegura la infelicidad y la soledad de muchos adolescentes de hoy que serán los adultos de mañana.

Más que nunca se necesitan padres:

— Activos.

— Comprensivos.

— Amantes.

— Serviciales.

— Generosos.

— Padres que exijan con serenidad lo que creen honradamente que beneficiará a sus hijos.

— Que le enseñen con el ejemplo cómo resolver problemas cotidianos, cómo reaccionar, por qué alegrarse y por qué apenarse, cómo querer, cómo ser feliz.

— Implicándose.

— Siendo constantes.

— Pesados.

— Pacientes.

La generación de los hijos de hoy es una generación «*desarmada*» ante lo que se le viene encima.

Pero si lo es, en buena parte su causa está en un ambiente que desarma a los adolescentes de las pocas armas que le han proporcionado sus padres.

Por eso el remedio de la infelicidad cabalgante del siglo XXI será haber tenido unos padres que le hayan proporcionado armas inagotables, indestructibles, y enseñado a defender su propio juicio. A no dejarse arrastrar. A decir, *no*.

CAPÍTULO 27
NO DEJARSE ARRASTRAR

Los padres hoy necesitan educar a sus hijos para tener criterio propio, porque los peligros se han multiplicado y las posibilidades de manipulación mucho más.

La adolescencia es la etapa propia de enseñarles a ser adultos. Sobre todo, ante los dilemas que se le plantean sobre amistades, entretenimiento, influencias, personalidad, intereses, opciones de todo tipo, que antes se planteaban a los veinte, treinta años o no se llegaban a plantear siquiera a lo largo de la vida.

Tomar o no un *porro*, esnifar cocaína o no, tener una relación íntima homosexual, heterosexual o no tenerla, sentirse acosado social, sexual o personalmente, sentir que uno ha de hacer un trecho del camino contracorriente para luego poder ser feliz…, son planteamientos que ahora se le presentan a los hijos en la adolescencia. Por ello, los hijos necesitan aprender desde muy temprano cómo defender su criterio propio, su personalidad, su juicio. Lo básico para poder resistirse a la manipulación emocional que les harán compañeros, conocidos mayores, iguales y más pequeños. Casi todos los padres desean tener hijos consecuentemente responsables y con criterio propio, porque solo así podrán:

— Vivir con mayor dignidad.

— Libertad.

— Sobrevivir a las influencias manipuladoras con las que se van a encontrar con total seguridad

— Ser dueños de sus actos.

— Consecuentes.

— Felices.

Quizá algunos padres pudieran pensar: «*Mejor sería educarlos para que se dejen llevar, antes que educarlos para que sufran yendo contracorriente*». El problema es que *dejarse llevar* les acarrea:

— Intolerancia a la frustración, a los problemas y obstáculos que encontrarán sin duda porque la vida es un problema hecho de múltiples problemas.

— Insatisfacción.

— Vacío.

— Despersonalización.

— Ansiedad.

— Inseguridad.

— Depresión.

— Infelicidad. Por no haber hecho lo que debía. Por no haber luchado lo que hubiera podido por lo que intuyó que merecía la pena. Por no sentirse valorado personalmente como hubiera querido.

Diluirse en la masa que arrastra la corriente es asegurarse no ser valorado como ser único capaz de alimentar el motor de felicidad a su vez de otros, los que más les importa.

El ser humano necesita para ser feliz ser tratado como persona. Con inteligencia y voluntad, por tanto. Individualmente. Seguir sus principios, sus convicciones —las que sean— y sus aspiraciones. Pese a los obstáculos. Conquistar lo que considera importante, superando las dificultades que se presenten, es mejor que obtenerlos sin obstáculos. Así está diseñado el ser humano. Lo difícil le motiva y cuando lo consigue pese a todo, le llena. Solo así se siente valioso, capaz de generar felicidad a otros. Y el premio es la propia felicidad.

Cualquier hijo adolescente necesita tener juicio propio, seguir sus decisiones, ser libre, responsable y sobrellevar las consecuencias de cuanto piensa, dice, hace, ve, toca, siente, etc. Saberse el dueño de su futuro. Aprender a decir *sí* y *no*. Especialmente, *no*. Porque para seguir la corriente no hay que aprender nada valioso, no necesitan manifestarse, ni decir *sí* siquiera. Pero para aprender a ser felices hace falta aprender a decir *no*. Y solo sus padres pueden enseñárselo.

La sociedad, los amigos, compañeros, vecinos, el ambiente o los que imperan en él intentarán sin duda manipularles. Emocionalmente, sobre todo. Su poder depende de ello. Solo sus padres pueden haberles enseñado antes cómo resistirse y hacer lo que ellos realmente quieran, porque ellos serán los más dañados o beneficiados de la elección de sus actos.

Un estudio norteamericano de 1986 —ahora ocurre mucho más— demostró que varios centenares de niños entrenados al inicio de la Secundaria para ir contracorriente, es decir, para defender sus criterios, solo tres años después eran más resistentes a la presión de sus amigos y compañeros ante la propuesta de consumir alcohol, tabaco y otras drogas.

Además, a diferencia del resto de sus compañeros no sometidos al entrenamiento de tener juicio propio e ir contracorriente, los que sí lo fueron:

— Tenían mejor concepto de sí mismos.

— Caían menos enfermos.

— Tenían mayor asistencia a clase.

— Mayor atención y concentración.

— Participaban más activamente.

— Habían logrado mejores calificaciones, sobre todo en Matemáticas y Lengua.

Pero si eso era en la década de los 80, hoy es mucho más necesario, por diversos motivos de profunda raíz, que los adolescentes aprendan a decir *no*, a no dejarse arrastrar, a defender su propio juicio.

¿A QUÉ EDAD ENSEÑARLO?

Siempre compensa enseñar a un hijo a defender su criterio, porque a cada edad corresponden sus propias presiones, impuestas por la convivencia, especialmente entre los diez y los veinte años.

— *Primaria*. Porque si aprende a esta edad, le será fácil defenderse con la presión social en la pubertad, el despertar de la sexualidad y la necesidad de identidad y adolescencia.

— *Secundaria*. Para aprender a manejar mejor la presión que siente al conformismo que le hará buscar la aceptación social a expensas de cualquier precio, incluso sus intereses personales, académicos, familiares, etc.

— *Entre los 15 y 20 años (o más)*. Saber defender cuanto cree necesario le permitirá hacer frente con éxito al medio, cuando no son objeto de supervisión.

EL CONTROL DE LOS PADRES

Hay padres que se sienten incapaces de manejar a sus hijos, si no controlan casi todo lo que pueden hacer. Pero este no es el modo en que un padre puede evitar que su hijo no se inicie en la droga, relaciones sexuales prematuras, malas amistades, etc.

El control de los padres disminuye cuando el hijo entra en la edad escolar. Y se hace inútil a partir de los nueve años. Cuando no basta decir lo que está bien, sino que los padres tienen que confiar en la capacidad de su hijo de pensar por sí mismo y actuar. El excesivo control no logra lo que muchos padres buscan y, por el contrario, son a veces causa de:

— Mayor rebeldía,

— Mala conducta,

— Promiscuidad,

— Abuso de drogas, especialmente alcohol,

— Desencanto,

— Desarraigo,

— Infelicidad.

El exceso de control hace que el adolescente deje de buscar la aprobación de sus padres y se vuelva a sus amigos en busca de apoyo para su personalidad. Cuando esto sucede, sus compañeros pueden convencerle de que haga cualquier cosa.

LA MISIÓN DE LOS PADRES

Uno de los propósitos de todo padre ha de ser enseñar a su hijo a pensar por sí solo, a sentir confianza en sí mismo y mantener sus decisiones pese a la presión del ambiente. Tener fe en sus propios juicios, aunque contradiga lo que es popular, está de moda o se considera correcto por muchos.

La misión de los padres no es educar hijos que hoy ya sean buenos, sino hacer que cuando sus hijos sean adultos, se conviertan en buenos adultos. Niños y adolescentes lo serán muchos años, pero adultos, la mayor parte de su vida. Para eso los buenos padres, educan a largo plazo, para que sus hijos sean buenos adultos: felices y generadores de felicidad. Socialmente competentes, de funcionamiento independiente, capaces de pensar por sí mismos, de hacer frente a los problemas de la vida y las decisiones cotidianas, sin depender de otros, con la capacidad de resolver los problemas que le planteen otras personas y sus engaños.

Los padres deben buscar el equilibrio que haga que su hijo se someta a las normas que facilitan la vida familiar, sin permitirle confundir por ejemplo, el hogar con un hotel. Pero sin llegar a convertirlo en esclavo al servicio de los padres o la familia, sin respetar su individualidad y dignidad.

Por tanto, han de lograr preservar la familia como unidad y educarles de forma práctica para que sean adultos independientes y capaces.

EMPEZAR POR LOS PADRES

Cuando el niño entra en la pubertad y llega a los 12-19 años, se encuentran con un medio explosivo. A los adolescentes no les sirve la mayor parte de reglas sobre el bien y el mal que les servían. Las ideas y comportamientos que se les plantean son más diversos, contradictorios, complejos y menos estereotipados que antes. Por ejemplo, el concepto de un varón ideal, las relaciones personales y sexuales, valores como la honradez... Además hay muchos más dispuestos a decirles lo que han de hacer.

El hijo adolescente ha de prepararse para entender los cambios de su cuerpo, sus sentimientos, sus emociones, sus sensaciones, intereses, roles, traiciones, deslealtades. Lo que está bien y mal, para un adolescente como él, ni adulto ni niño. Pese a las muchas críticas de sus compañeros.

Tiene que empezar por ello a tomar decisiones y a asumir su responsabilidad. A empezar a pensar como adulto y hacerse valer, también ante los padres. Disentir con ellos. Con vehemencia si es preciso. Guardando siempre los límites de la educación (porque han de aprender los hijos que la opinión se defiende mejor sin crispación y tiene más posibilidades de éxito).

Lo malo es que muchos padres estimulan a sus hijos de diez años, preadolescentes, a seguir aferrados a su forma de pensar infantil. Algunos piensan que ya son difíciles de controlar, como para potenciar en ellos un juicio propio que pueda ponerlo todo aún más difícil.

Es una impresión errónea. Diversos estudios confirman que hay menos problemas de disciplina en los niños y preadolescentes que aprenden a defender su propio juicio. Que no se concentran en la postura más cómoda, ni en quedar bien, ni negar lo que está mal hecho.

Cuando los hijos aprenden a enfrentarse a sus padres en asuntos de poca importancia, en lugar de negar que hicieron algo, el resultado siempre es el mismo: cometen menos errores.

Los hijos, cuando se van haciendo más competentes en el arte de tomar decisiones por sí mismos, se capacitan para asumir mayores responsabilidades.

Cuando los hijos no aprenden a defender su juicio ante sus padres, que para ellos son el entorno más seguro, como ensayo para defenderse ante los intentos de manipulación y agresiones de los demás, su personalidad se hace más manipulable. Con falta de tenacidad, excesiva sensibilidad emocional y reacción excesiva de angustia cada vez que comete errores.

POR DÓNDE EMPEZAR

Los padres deberán, por ejemplo:

— Al mandarles hacer algo o comer lo que no les gusta,

no intentar convencerles de que le van a gustar. Solo insistir en que lo haga, respetando que no le guste.

— Acostumbrarles a que digan lo que sienten y piensan, sea o no racional, inteligente, agudo, correcto o no.

— Escuchándoles cuando ellos quieran, donde y como quieran. Activamente. Intentando averiguar qué callan entre las palabras que dicen.

— Los padres no han de fingir hacer las cosas perfectamente.

— No atribuir a los hijos calificativos como «tonto», sustituirlo mejor por «has hecho una tontería».

— Enseñar a nuestro hijo a concretar su error. Acostumbrarle a cambiar expresiones como «lo siento» o «perdón», por «ha sido una falta de respeto».

— Acostumbrarle a concretar también sus opiniones. Cuando dicen «No me gusta esto», preguntarle «¿Por qué no te gusta esto?» Enseñarles que cuando emiten un juicio realmente lo hacen sobre lo que ellos observan, no sobre lo que son y cómo son las cosas en realidad, porque no se suelen conocer del todo las cosas. Generalmente —más a un adolescente— les faltan datos. Pueden opinar lo que crean conveniente, eso sí, sobre lo que observan. A cambio, convendrá de vez en cuando contestarles: «Puede que lleves razón, aunque a mí me parece… (y opinar lo contrario con algún dato que él desconozca). Así comprobará que ambos juicios pueden convivir.

En definitiva, saber que los hijos que no logran disentir ante sus padres, defender su propio juicio —acertado o no—, luego no serán capaces de contradecir a quienes le ponen en un compromiso, proponiéndole hacer lo que no quieren. En situaciones en las que seguro se encontrarán o verán a su alrededor y en las que todo padre quisiera que su hijo tuviera la personalidad y ejercitada la destreza de no dejarse arrastrar por donde no quiere ni le conviene.

CAPÍTULO 28

LA DELINCUENCIA CRECIENTE EN EL ADOLESCENTE

En Europa la delincuencia infantil y juvenil crece alarmantemente entre los niños adolescentes. Con incremento cuantitativo y cualitativo. Es cierto que no se trata de un fenómeno nuevo que el adolescente cometa actos delictivos. Ha existido desde el inicio de la humanidad y existirá probablemente siempre. Lo que sí son nuevos en la actualidad, son:

— *La frecuencia*. Que ha pasado de ser un problema localizado a convertirse en un problema mundial.

— *Los lugares donde se desarrolla*. En épocas anteriores se cometían en los suburbios de las grandes ciudades, en zonas poco vigiladas. Hoy se extiende a ciudades menos pobladas e incluso al centro urbano.

— *Los tipos de atentados*. Antes los actos delictivos se cometían contra la propiedad generalmente, hoy se amplía considerablemente a las personas, sin descender el número de actos contra la propiedad.

— *Cuantía.* Lo robado, por ejemplo, se reducía en la mayoría de los casos a las satisfacciones del momento. Como consecuencia de ello, era más de tipo individual, familiar y circunstancial. Hoy se roba con fines lucrativos y por pandillas que pretenden un botín para más personas y a más largo plazo.

— *Edad.* Va disminuyendo de manera alarmante. Basta conocer las cifras del Tribunal Tutelar de Menores u otras instituciones dedicadas a la protección del menor. O acercarse a la comisaría.

— *Clase social.* Ha pasado de clases desafortunadas a clases más acomodadas.

— *Motivaciones.* El joven de hace una década delinquía por: Aventura, hartazgo infantil, probar el riesgo, hacer algo por sí mismo, imitación, presión por parte del grupo.

Hoy, lo hace en gran medida por: satisfacer vicios contraídos, consumo de drogas de todo tipo, sexo, Satisfacción de objetos de moda o prestigio.

— *Medios utilizados.* Anteriormente los utensilios para robar eran rudimentarios o azarosos. Hoy son cada vez más sofisticados.

CAUSAS:

Son muy variadas. Sin embargo, podemos agruparlas en personales, familiares, escolares y sociales.

— *Personales*: Durante mucho tiempo se admitió la tesis del criminal nato. Hoy se destierra. Pero ello no quita que la constitución y herencia actúen como causas que predisponen. El problema de la herencia cobra cierta vigencia cuando Jacobs, entre otros, en 1965 encuentra siete casos de aberración cromosómica, entre 197 retrasados mentales y grandes delincuentes, y solo 1 entre 1925 sujetos elegidos al azar. Sin embargo, mayor importancia que la genética, van a tener las enfermedades o traumas que padezca el adolescente desde el punto físico: menigitis, encefalitis, epilepsias, tumores cerebrales, etc.

— *Familiares*: El adolescente que delinque proviene mayoritariamente de: Familias con trastornos emocionales, retraso mental, alcoholismo, conductas delictivas... Las cuales:

- Se preocupan poco de una conducta aceptable del hijo.

- Son poco ambiciosas y honradas o cogen el atajo del alcohol, hurto, estafa...

- Hacen pocos planes para el futuro.

- Se respetan poco a sí mismos.

- Donde muchas conductas de los padres no son ejemplares.

— *Escolares*: Se trata de adolescentes con un rendimiento escolar menor que el ordinario, aunque no siempre en los últimos años. En la familia hay poca vigilancia y poco interés por la labor escolar. Y el tiempo libre no está organizado.

— *Sociales*: Junto a las mencionadas en el caso de la droga en el capítulo dedicado a las adicciones, podemos citar: Falta de estabilidad, falta de proyectos, condición económica desfavorable, falta de integración social, cambios de población... Hoy día se concede gran valor al tiempo libre y a la inadecuada utilización del mismo.

— *Comunes*: Aunque son múltiples, las causas comunes más frecuentes, son:

- El culto a la irresponsabilidad.

- El menor respeto a la autoridad.

- La permisividad.

- El rechazo a la tradición.

- El desempleo, fracaso escolar, ocio, aburrimiento.

- La imitación de la mala conducta de algún joven mayor o adulto.

PREVENCIÓN

La prevención de la delincuencia adolescente, para que sea realmente eficaz, ha de dirigirse a tres frentes:

Modificación del ambiente:

— Aumentando la coherencia entre sus convicciones y su comportamiento social.

— Teniendo en cuenta en su actuación la presencia del otro y respetándolo.

— Participando en instituciones recreativas, culturales o educativas.

— Progresando en sus resultados escolares.

Ayuda al delincuente:

— Atendiendo a las causas y sus primeras manifestaciones.

— Creando ambientes adecuados. Que le facilite al adolescente no seguir su conducta delictiva o no entrar en ella.

Educación de la personalidad y el carácter:

— Modificando el carácter del adolescente, sobre todo en las primeras edades, donde tienen una intervención más directa y eficaz los padres, familiares, maestros y cuanto ve en los medios de comunicación, etc. Aprovechando la capacidad constructiva del ejemplo, la formación de valores, la información y los consejos.

AUNQUE NO NOS ENGAÑEMOS

— Una sociedad donde los hijos que no viven con sus padres son muy frecuentes,

— Donde el objetivo es el tener más y lo mejor,

— Donde no hay tiempo para las relaciones personales profundas ni para la formación del propio yo,

— Donde la intimidad de las personas, no solo se vende a bajo precio, sino que se regala,

— Una sociedad que a veces emplea el divorcio para solucionar conflictos menores de dos cónyuges, que no llegan a hacer el esfuerzo de conocerse y entenderse,

— Que encuentra en el aborto una solución para evitar la maternidad responsable,

— Que emplea como objeto a la mujer y al hombre para propaganda de los productos más variados,

— Donde los medios de comunicación son un negocio y lo que llena una gran parte de su contenido son asaltos, robos, crímenes, atentados, guerras y corrupciones políticas.

No puede conducir a sus adolescentes, sino a conductas cada vez más individualistas, anómalas, conflictivas y también delictivas.

Solo queda entonces, para ser optimistas, combatir las causas que apuntamos. Que los padres hagan lo que deben. Porque si lo hacen, la delincuencia no será nunca el camino de sus hijos sanos.

CAPÍTULO 29
DISTINTAS FORMAS DE IRSE DE CASA

Se entiende tradicionalmente que un hijo adolescente se va de casa, se fuga, cuando desaparece voluntariamente del propio hogar, de una manera brusca y sin consentimiento de los padres.

Se trata de una forma clara y concreta de apartarse de la familia voluntariamente.

Junto a ella, existen otras formas menos conscientes, que no dejan de ser fugas enmascaradas, más o menos claras. Por ejemplo:

— Buscar trabajo fuera de la población de residencia de los padres.

— Estudiar en una universidad diferente de las que existen en el lugar de origen.

— Y otras formas semejantes, que reemplazan e incluso evitan la necesidad que a veces el adolescente siente de una fuga propiamente dicha.

Si bien, puede darse a cualquier edad, son más frecuentes durante la adolescencia. Y dentro de ésta:

— Durante la primera etapa (11-16 años) son más repentinas, sin causa aparente y de corta duración. Siendo la vuelta al hogar voluntaria o a través de vía policial o judicial.

— Durante la segunda etapa (17-27 años), ocurren con mayor frecuencia las fugas que podríamos llamar enmascaradas o pseudo-fugas.

CAUSAS HABITUALES PARA IRSE DE CASA

Las causas para que un adolescente decida irse de casa son muy variadas. Y generalmente no existe una causa única, sino varias unidas con predominio de una, que es la que actúa como desencadenante de la fuga. Aún así, podríamos clasificarlas en:

Causas personales:

— La protesta contra el ambiente familiar.

— El deseo de castigar a los padres.

— Querer evitar un castigo.

— El deseo de actuar por sí mismo y resolver sus propios problemas.

— El deseo de aventura, soñando con una vida mejor.

— La estimulación por parte de un compañero o compañera.

— Por un sentimiento de inferioridad.

— Sin existir una causa evidente, y que se da con frecuencia.

Causas familiares:

— Las presiones familiares, como el autoritarismo acentuado o la permisividad extrema, como detonantes de la autonomía del hijo adolescente.

— Separación de los padres o desavenencias conyugales.

— Falta de diálogo interfamiliar.

— Falta de entendimiento personal.

— Peleas serias, de heridas profundas, entre hermanos.

Causas escolares:

— El fracaso escolar.

— La poca atención prestada a los estudios por parte del adolescente.

— La sensación de no pertenencia en donde se encuentra estudiando o lo que estudia.

Causas sociales:

— El ambiente en el que se desenvuelve el hijo. Con casos de fugas a su alrededor, por ejemplo.

— Los medios de comunicación que difunden casos de adolescentes que se marchan de casa voluntariamente y sin avisar.

— El deseo de formar parte de un grupo más estable y donde se sienta más apreciado en sus habilidades y capacidades.

Es cierto que en el último lustro el grado de libertad de movimiento en los adolescentes es tal, que muchos estiman que no merece la pena abandonar el hogar familiar, aunque en cuanto pueden enmascaran su fuga con otras fórmulas ya citadas, que ocultan también el deseo de irse de casa.

PREVENCIÓN

— Facilitar al adolescente la posibilidad de poder ejercer un trabajo, una profesión o estudios, fuera de casa. Participar en seminarios, congresos, cursos en vacaciones. Con independencia de la familia.

— Favorecer las salidas del hogar oportunas sin fiscalización ni vigilancia.

— Descubrirle de manera razonada los inconvenientes del mundo de la huida, a través de casos vividos o conocidos, o de ficción como los que aparecen en películas, programas de televisión, novelas...

— Estar dispuestos al diálogo y a la comprensión de cualquier situación.

— Demostrar que se está siempre dispuesto a ayudarle debido al infinito cariño que se le tiene.

CAPÍTULO 30
LO QUE MÁS IMPORTA
A LOS HIJOS

Las generaciones adolescentes del mundo civilizado de los últimos treinta años, declaran que lo más importante y necesario en sus vidas lo aprenden siempre de su familia.

Una opinión que, aunque parezca obvia, hoy choca frente al ambiente en que los adolescentes se desenvuelven. Que a menudo han de nadar contra las directrices de muchos gobiernos actuales europeos y mundiales, promotores de políticas que minimizan el poder de la familia sobre el individuo. Quedando en manos de su dimensión social y a merced de quien gobierne la sociedad y la masa. Es decir, la política (poder) y la publicidad (consumo).

Los adolescentes, resistiéndose al intento de manipulación del poder y el consumismo, lo que más valoran aún es la familia. Si esa rebeldía ante la presión de los dos principales poderes de estas décadas obedece a la herencia cultural o a una intención propia, no se sabe. Aunque más parece lo primero.

En todo caso, mientras los padres aún sean los protagonistas de la educación de sus hijos, deberían ejercer el papel que se le concede para intentar responsablemente educarlos generosamente buscando su bien real.

Aun así, si bien es cierto que la familia sigue siendo lo más importante según los adolescentes, lo demás ha cambiado mucho en los últimos diez años.

Hace una década los adolescentes encuestados se definían, sobre todo, como consumistas y hoy sustituyen el consumismo como rasgo definitorio principal, por el de individualistas: egoístas.

Hace diez años, lo que más valoraban los adolescentes entre 10 y 27 años era:

— La familia.
— Los amigos.
— El trabajo.
— Ganar dinero.
— Su tiempo libre, ocio.
— Los estudios y la competencia profesional.
— Las relaciones sexuales satisfactorias.
— La religión.
— La política.

Pasados estos años, los adolescentes reconocen en orden de importancia para sus vidas y según su experiencia:

— *La familia*

—*La salud*. Que se ha colado en segundo lugar, lo que indica que la preocupación por la misma ha crecido notablemente. Quizá porque haya aumentado entre sus padres.

—*Amigos y conocidos*. Aproximando unos a otros. Omitiendo las notables diferencias que hay entre ellos. Prueba de cómo la amistad se ha extendido y ha perdido profundidad y singularidad. Algo que ya hemos analizado al hablar de la adolescencia y la diversión.

—*Ganar dinero*. Que si antes estaba por debajo del trabajo, hoy supera a éste en dos posiciones como preocupación. Lo que resulta enormemente significativo. Los adolescentes prefieren ganar dinero y ello les preocupa, les parece importante, lo 4º más importante (tras la familia, salud y amigos), ahí es nada. Pero el cómo conseguirlo les importa menos. Mucho más por ejemplo les importa el tiempo libre.

—*Su tiempo libre y ocio*. Que pasa a importarles más (hasta un 4% más) que el trabajo.

— Trabajo. Por detrás del ocio y por encima de la formación para realizarlo bien.

—*Estudios, formación y competencia profesional*. De forma que a los adolescentes de hoy les importa más lograr trabajo que prepararse bien para conseguirlo. Lo que manifiesta esa constante en muchos jóvenes de desear algo pero no poner los medios para lograrlo. La recompensa que un adolescente busca sigue al esfuerzo que se pone en conseguirla. No centrarse en los medios que le posibilitan lo que busca, le hace vivir en una fantasía e inmadurez que le aparta de su objetivo, y asegura el fracaso y su frustración.

—*Vida moral y digna*. Un noveno puesto no parece el acertado para el que es el arte de vivir bien: la ética. Es decir, la llave de la felicidad del ser humano que ha de llevar a la práctica sus convicciones. Por eso quizá, la gran mayoría de adolescentes y adultos europeos se confiesan infelices.

—*Pareja.* Para asegurar la felicidad hay que buscar a quien merezca ser el centro del corazón y entregárselo acertando al elegirlo. Es curioso y elocuente de nuevo que amor —*pareja*— y *vida moral y digna* estén tan abajo en esta lista. Como si los adolescentes de hoy no se preocuparan de lo pragmático tanto como del deseo y la ensoñación. Lo que quieren, pero no qué pasos dar para conseguirlo. Dejando para el puesto 9 y 10 de su preocupación, dos fundamentos de su felicidad.

—*Vida sexual satisfactoria.* Que retrocede hasta cuatro puestos en la jerarquía de valores de los adolescentes. En estos últimos diez años el adolescente ha comenzado a hartarse de una sexualidad sin amor. Muy defendida por jóvenes de años pasados. Que ahora define como generadora de menor satisfacción y más fugaz.

—*Política.* En tan baja consideración porque los adolescentes ven a los políticos actuales de todo el mundo: individualistas, interesados y poco fiables, con independencia de ideologías. Pero no hemos de olvidar —y así ha de aprenderlo el adolescente— que queramos o no, lo merezcan o no los profesionales de la política, todos necesitamos políticos. Así, los padres deberían, más que alentar a sus hijos al desprecio de la política, enseñarles a emplear los mecanismos a su alcance para exigir mejores políticos. Porque, quieran o no, nadie que viva en sociedad se escapa a la política.

—*Religión.* Que retrocede un puesto sobre la política, fruto de la huella de una cultura imperante en que las normas jurídicas, políticas, de socialización y de mercado, sustituyen a las tradicionales normas de la ética, la correspondencia aun Dios creador de todo y la felicidad del hombre en convivencia y respeto con el hombre. Donde era una obligación, no una conveniencia solo, ceder para ganar todos. Y de donde partieron las mejores ideas del mundo civilizado y las obligaciones y derechos de todo ser humano. Digno por el mero hecho de serlo, no por el interés que pueda generar a alguien.

Esto es lo que importa a los adolescentes actuales. Lo que importa a los hijos de hoy. Lo que han de tener en cuenta los padres en su educación, para potenciar o corregir según consideren honradamente merece la felicidad de su hijo.

A la cabeza, la familia. Porque hasta el hijo menos reflexivo sabe por instinto y por experiencia, dónde se siente más seguro y menos manipulado. Aunque los manipuladores interesados le digan lo contrario. Buena oportunidad para los padres, por tanto, gran responsabilidad.

CAPÍTULO 31

LA HUELLA DE LA ESCALA DE VALORES EN EL ADOLESCENTE

En el proceso de hacerse adulto (ascender a la madurez mediante la escala de unos valores), el adolescente tiene tres obstáculos importantes:

— Que no acierte con las medidas que toma para madurar. (Que se equivoque al apoyarse en los peldaños de la escalera).

— Que el medio donde viva lo haga muy difícil o casi imposible. (Que falten peldaños en esa escalera).

— Que concluya que realmente no vale la pena madurar. (Que tire la toalla y decida que esa escala no merece la pena subirse, por derrota).

La primera y la última de las dificultades planteadas están relacionadas directamente con el individuo. La segunda con el ambiente, sea familiar, social o escolar.

NECESIDAD DE UNA ESCALA DE VALORES

De siempre, la escala de valores ha sido una herencia necesaria, transmitida de padres a hijos.

Hoy esta necesidad es más patente que nunca, sobre todo en la adolescencia. Como ayuda en la defensa del agresivo ambiente y la influencia de los medios de comunicación.

Hoy es preciso que el adolescente salga a escena, al medio extrafamiliar, acompañado de una jerarquía adecuada de valores, acuñada por sí mismo, a través de la enseñanza de sus padres y familiares y de su propia experiencia. A través de la interiorización y la autodeterminación personal.

RELACIÓN DE ESCALA DE VALORES Y VACÍO EXISTENCIAL

Al hablar del vacío existencial, dijimos que la mejor prevención para que los hijos adolescentes no cayeran en la sensación angustiosa de una vida sin sentido, consistía en proporcionarles una escala de valores que diera contenido a sus vidas.

Una jerarquía de valores que les muestre un destino y se pueda cumplir lo que decía el filósofo que ya citamos: *«Aquél que tiene un porqué para vivir, encuentra siempre un cómo»*.

Pero ¿de qué forma se adquieren y se conservan estos valores?

¿QUÉ ES VALOR?

Todo lo que tiene importancia o interés para la vida personal, familiar, social y trascendente de un individuo.

¿QUÉ ES UNA ESCALA DE VALORES?

Una secuencia de metas, a través de las cuales el hijo adolescente se propone alcanzar un fin determinado.

¿ES INNATA O ADQUIRIDA?

Desde el punto de vista genético, solo se adquiere la capacidad para la adquisición de valores y el aumento o conservación de los mismos.

La formación de una escala de valores proviene fundamentalmente de la influencia del medio, en especial de la familia. Aunque también de la escuela y el entorno próximo. Solo si es interiorizado por el hijo adolescente.

¿QUIÉN LA PROPORCIONA?

La escala de valores llega al adolescente de una forma directa por el ejemplo de la vida de sus padres y por sus propias vivencias experimentales. Sobre todo, las derivadas de la convivencia con ellos.

Entre padres y adolescentes se establece, por tanto, un continuo intercambio o simbiosis, por la que, como escribió Charbonneau: *«El niño se desarrolla y se transforma en adulto maduro y apto para la felicidad, o bien —al igual que una flor mal cultivada o mal cuidada— se marchita, transformándose en un neurótico, que alimenta su propia infelicidad y se condena a sí mismo y a los suyos, a una vida sin alegría, sin esperanza y sin serenidad».*

Esta transmisión de la escala de valores no ha de ser impuesta a los hijos, sería contraproducente cuando los hijos llegan a la adolescencia. Por el contrario, ha de ser a través del ejemplo constante y silencioso, forjado por el comportamiento diario en la familia, cómo los hijos aprendan a conocer los auténticos valores que conducen a la calma, satisfacción y felicidad familiar, que no solo la ven practicar por parte de sus padres, sino que comprueban sus efectos.

Está demostrado que la insistencia permanente que intenta inculcar un valor cualquiera, lleva a efectos contrarios, por el mecanismo que despierta en un hijo adolescente la necesidad de salvar su individualidad y autonomía.

Los valores que son aceptados por los adolescentes son aquellos que, teniendo la categoría de valores, son vividos de manera reiterada y natural por sus padres. Advirtiendo así, de una manera clara, cómo conducen de verdad a la paz, tranquilidad de la conciencia y a la felicidad.

Es entonces cuando el adolescente, que ansía tanto como los padres la felicidad y serenidad, se aventura a experimentar un valor, haciéndolo suyo y enriqueciéndolo con su propia personalidad.

PRINCIPIOS PRÁCTICOS

Los principios fundamentales que han de tener en cuenta los padres para que sean los propios hijos adolescentes los que formen su propia escala valorativa, son:

— El claro concepto de su individualidad, personalidad y autonomía. De su capacidad de decisión y de la necesidad insustituible de su intervención.

— El carácter trascendente de sus actos. Pensar que de sus valores se derivarán muchas consecuencias positivas para él y los que le rodean.

— El encuentro de la felicidad. Que es el verdadero objetivo de todo valor, que lo sea de verdad.

CAPÍTULO 32

DOS VALORES EN ALZA: COHERENCIA Y MESURA

En el *maremagnum* de valores que al ser humano le facilitan la felicidad, hay dos valores en alza: la coherencia y la mesura (también llamada sobriedad). Pilares de la generación que hoy desee lograr el triunfo profesional, social, personal y familiar.

LA COHERENCIA

La coherencia por su parte es la que hace vivir al adolescente cada día siguiendo sus convicciones y lo que le conviene. También los fines de semana. El viernes igual que el resto de la semana. Porque hay adolescentes que se transforman cada fin de semana. También en sus principios.

Igual coherencia debe guardar cualquier adolescente en cada una de las estaciones del año y circunstancia. Evitando *la esquizofrenia de las vacaciones*. Esa que lleva a muchos adolescentes que durante el invierno mantienen unas normas de conducta, a actuar contradiciendo esas mismas normas cuando llegan las vacaciones de verano. Pero, junto a la coherencia, hoy tiene un creciente prestigio y necesidad la sobriedad o mesura.

LA MESURA

La sobriedad o mesura es el arte de vivir sin necesitar nada que no sea esencial. Vivir con independencia. Ser libre, sin esclavitud de ninguna cosa. La sobriedad otorga al adolescente que la ejerce, los siguientes efectos: *Personalidad, autoestima, dominio de sí, liderazgo, capacidad de generar confianza* y *conquistar la atención*, aprecio y respeto profesional y personal de los más valiosos.

Entre ellos, por tanto, figura la *autoestima*: hoy esencial. Ya que:

—La baja autoestima puede ser la causa de las consecuencias más complejas y temidas por los padres.

—Y la alta autoestima, la causa de las consecuencias más alabadas y valoradas hoy por los padres en sus hijos

La autoestima llega a un hijo, cuando asume, tolera y valora la verdad sobre él mismo. Por ejemplo, lo amados que son, pese a como son. La autoestima exige la verdad. Y la verdad —ser uno mismo—, autoestima. Así, la sobriedad está relacionada con la autoestima, la verdad y el sentirse querido.

MESURA, VERDAD Y AMOR: La sobriedad, o mesura, es la verdad de lo que tenemos, lo que necesitamos, lo que somos (seres humanos) y quiénes somos (ser singular, único e irrepetible).

Si se es elegante, siéndolo, con independencia de la ropa cara o no que se vista.

Si se es bello, siéndolo sin cosméticos ni añadidos.

Si se es bueno, siéndolo con independencia de los aduladores que se tengan.

Si se es libre, liberándose de toda adicción a sustancias y cosas.

Pero, además, la mesura lleva al hijo adolescente a sentirse querido.

Porque el amor verdadero se da cuando se descubre la verdad de los demás, su valía, con independencia de que sean parte de uno mismo: familia, amigo, novia, novio...

La mesura genera, por tanto verdad y amor.

Para que un hijo adolescente tenga un alta autoestima y encuentre el amor, ha de buscar la verdad. Y en ella es donde podrá ser feliz, porque: AUTOESTIMA + AMOR = FELICIDAD.

Así, de la mesura se pasa a la verdad, de la verdad a la autoestima, de la autoestima al amor, y de éste a la felicidad.

La realidad es que la sobriedad siempre ha de acabar en el amor. Si no, solo es manía, enfermedad, narcisismo insoportable.

La sobriedad es, al cabo, necesitar solo la verdad y el amor (querer y ser querido).

LA NECESIDAD

La mesura se convierte en una necesidad para ser feliz. Quien carece de sobriedad es incapaz de hazañas grandes. Porque cree que tiene mucho que perder y no se pone en juego. Porque cree que vale lo que tiene o heredará y no por sí mismo. Porque no confía en nada ni en nadie. Ni siquiera en que puede llegar a una mayor satisfacción personal que la de poseer lo que no es él, sino solo suyo.

Nadie se entrega, ama, posee intimidad y es feliz, si tiene dependencia de algo material.

Los hijos tienen dependencia de algo, si el no tenerlo o perderlo les reporta nerviosismo, incomodidad, pérdida de alegría o de autoestima, pérdida de seguridad o de bienestar.

Los adolescentes que aspiren a la felicidad deben ser sobrios y lo serán con mayor probabilidad si lo son sus padres. Porque la mesura es de esos valores de verdad, que los padres no pueden pedir a sus hijos si el valor no es evidente en ellos.

LOS PADRES

A muchos niños se les educa desde la infancia en contra de la sobriedad. En tales casos, si se les pretende reeducar en la adolescencia ha de realizarse un sobresfuerzo, la sobreeducación.

Hay muchos adolescentes dispuestos a venderlo todo a cambio de muy poco. De una posibilidad. Incluso de nada. Por ejemplo, a cambio de una sonrisa de un compañero inconveniente, a cambio de no quedar en evidencia un instante, a cambio del qué dirán cuando en realidad nadie se ha fijado en ellos, a cambio de la posibilidad de quedar bien, a cambio de un sueño irrealizable, de una mentira, etc.

Cuanto más se tiene, más posibilidades existen de vivir y enseñar la mesura, y más necesidad de hacerlo. Enseñando a los hijos en qué y cómo los propios padres emplean el dinero. Igual que si no lo tuvieran para ellos mismos. Porque gasten siempre buscando algún beneficiado más que ellos mismos.

Los padres deben ser sobrios en su vida social, en las actividades familiares que realicen o en las que participen, también en los viajes.

Se trata de un valor importante. Un valor en alza. Más necesario para los hijos de hoy. Quizás más importante porque es de los valores que no se pueden fingir. Se es mesurado, dominante de sí mismo, se tiene *señorío*, autocontrol, o no se tiene. Y se nota. Por eso también se transmite a los hijos con hechos concretos. Por ejemplo con las siguientes sugerencias para los padres:

— No quejarse nunca del dinero. No hablar mucho de él. No manifestar lo mucho que gustaría que tocara cualquier premio, sorteo o juego de azar. Ni transmitir que la felicidad depende de ello.
— No consumir demasiadas medicinas, salvo las prescritas y necesarias.
— Plantearse prescindir en algo, de más de la mitad de cuanto se posee: deshacerse por ejemplo o no reponer cuando se estropeen, si es posible, la mitad de los jerseys, las corbatas, los pañuelos, los cd, dvd, bolsos, agendas, zapatos, otros complementos...
— Beber más agua del grifo, salvo inconveniencia.
— Ser sobrio también en las conversaciones.
— Ser lo más exactos posible al describir los sucesos y a las personas.
— Acudir a hechos más que a impresiones.
— Evitar eufemismos, ir al grano.
— Ser capaces de guardar secretos.
— Hablar más del presente, que de ilusiones futuras o añoranzas pasadas.
— Reaccionar con optimismo y buen humor cuando falte algo importante de forma ocasional o permanente
— No dar dinero a los hijos cuando no lo necesiten.

- Si tienen paga, más vale quedarse cortos que excederse.
- Luchar por no autoengañarse. Por reconocer la realidad, la realidad de los propios defectos, de los propios problemas, y los de los hijos...
- Comprar menos revistas, si se compran.
- Mejorar en el orden.
- Guardar menos cosas. Evitar guardar algo *por si* algún día hace falta, y es improbable. Deshacerse de los *por si*.
- No comer entre comidas.
- No comprar móviles y otros aparatos de los modelos de la última moda.
- Comprar sólo marcas si se asegura así una mayor duración del producto, calidad y resistencia a modas. O para regalar a alguien que le hace ilusión.
- Algunas cosas de la decoración de la casa, no cambiarlas nunca.
- Demostrar en celebraciones que a los padres les hace más felices lo inmaterial, que los regalos, detalles materiales o comida. Romper el binomio *más celebración—más dinero*, sustituirlo por el de *más celebración—más felicidad y más implicación personal*.
- Demostrar, con lo que se dice, que a los padres les mueven motivaciones trascendentes para hacer algo.
- Ir limpios y con repetidos trajes o ropa.
- Demostrar que el dinero no sustituye a los regalos y mucho menos a la implicación personal en la organización de una celebración.
- Etc., etc., etc.

COMO EL AGUA SALADA

Muchos adolescentes sienten frustración al no poder disponer de más dinero en sus familias. La mayoría no valora lo que tienen. Ni el esfuerzo que conlleva lograrlo. Pero, sobre todo, no son conscientes siquiera de lo que tienen en realidad al llegar a casa y al salir de ella.

Además esta intolerancia a lo que se tiene y el frustrante deseo de querer siempre más, está detrás de la infelicidad de muchos padres y adolescentes, que no reconocen la oportunidad de felicidad que tienen al alcance de su mano cada día y añoran un golpe de suerte que nunca llega o cuando lo hace, no es suficiente. Recordemos una cita de Schopenhauer: *«la riqueza es como el agua salada, cuanto más se bebe, más sed produce»*.

Si los padres quieren que los hijos tengan al final de su vida: Las manos llenas, la cabeza llena, el corazón repleto, hayan sido de verdad amados, valorados y felices, mejores y satisfechos por ello... la mesura es un camino directo.

¿ES POSIBLE Y DISFRUTARÁN?

Algún padre podría pensar, ¿hoy es posible, en una sociedad consumista y de bienestar, donde la publicidad hace tan atractivo el consumo, que un hijo adolescente disfrute siendo sobrio?

Habría que contestar: es tan posible como que sea feliz. Y disfrutar tanto como siéndolo.

Recordemos que la mayoría de adolescentes y adultos de España, Europa y Norteamérica —continentes donde hay informes fiables al respecto—, se confiesan infelices.

POR DÓNDE EMPEZAR

Primero, por enseñar a los hijos a distinguir lo necesario de lo que no lo es. Aunque no se renuncie a ello.

Segundo, enseñar a los hijos a distinguir lo razonable del gusto o el capricho. Aunque se siga al capricho. Decirle algo así como: «*Esto no es necesario, es un capricho, pero te lo voy a comprar. Aunque es un capricho*».

Después, enseñar a los hijos a:

— Gastar bien el dinero.
— Gastar bien el tiempo.
— Aprovechar la emoción. Para hacer algo, cuando se siente una emoción positiva y motivación por hacerlo. Sin permitir que la emoción se desperdicie no haciendo algo bueno.
— Enseñar a gastar los esfuerzos en algo que merezca la pena.
— Enseñar a los hijos a valorar críticamente la publicidad. También si les gusta:
— No llegar a saciarse en las comidas, internet, tv, ni en las aficiones. Cortar siempre un poco antes.
— Descubrir las adiciones. Las adicciones se descubren poniendo a los hijos a prueba un día sin algo que sospechamos que le tiene enganchado.
— Huir de la perfección y de las chapuzas también.
— Razonar y explicarse.
— Y enseñando a los hijos a tener y defender un porqué, un ideal, la aspiración a una mayor satisfacción como personas.

Por todo ello se hace primordial potenciar en los hijos un valor: la mesura, la sobriedad. Que no solo está en alza y cada día se valora más en la sociedad cuando se presencia en alguien a nuestro alrededor, sino que es vital e imprescindible para que los hijos adolescentes se conozcan, soporten y logren la satisfacción personal que les haga ser felices con ellos mismos.

CAPÍTULO 33
LA EDUCACIÓN RELIGIOSA FAMILIAR

La sociedad actual estrena una intensa arreligiosidad, con algunas imitaciones de modelos antiguos. En muchos ambientes «*Yo no creo*» parece un nuevo título a presentar, junto a los méritos profesionales y afectivos, conseguidos con más o menos esfuerzo.

La mayoría de los nuevos no creyentes siguen una tendencia imitativa, ya que en realidad sí creen. Solo es una cuestión de falta de coherencia y responsabilidad en muchos casos. Responsabilidad, porque muchos no asumen las consecuencias en la práctica de lo que creen. Como los hay que no son consecuentes con esa arreligiosidad que manifiestan, cuando al sentirse desamparados y angustiados, buscan refugiarse en el Dios que afirman no creer de una manera práctica.

Por tanto, muchas veces es más cuestión de responsabilidad, que de fe.

Hace siglos describía Lucio Anneo Séneca: «*Los ateos durante la noche creen en Dios*». En la soledad, fuera del bullicio o en medio de él, el hombre tiene necesidad de Dios y a Él se dirige. Y en su propia intimidad no se siente satisfecho o pleno hasta que cuenta con Dios. Por eso también muchos huyen de quedarse a solas, en su intimidad.

Pero en la época actual, en el primer mundo y en la geografía más cercana, la religiosidad empieza a no estar bien vista socialmente en muchos ámbitos.

Esta es una de las causas por las que muchos padres no ven tan primordial la educación religiosa para sus hijos. Simplemente porque no les parece que tenga hoy un valor social, ni sea imprescindible para el triunfo ni la felicidad.

La cuestión es que todo ser humano, por naturaleza, tiende a su origen: Dios. Y los padres son los responsables de transmitirles las respuestas a sus grandes preguntas del ser humano:

— ¿Qué?
— ¿Por qué?
— ¿Cómo?
— ¿Cuándo?
— ¿Dónde?
— ¿Con quién?
— ¿Cuánto?

Y a sus preguntas más recurrentes. Esas que se hace y ha hecho el ser humano de todas las épocas y culturas:

— ¿Cómo empezó el universo y el hombre?
— ¿Qué he de hacer yo? ¿Cuál es mi misión?
— ¿A quién he de amar y quién me amará?
— ¿Qué es la verdad y cómo encontrarla?
— ¿Qué es la belleza y la bondad?
— ¿Cómo vivir bien?
— ¿Cómo mejorar la sociedad?

Por tanto tienen el deber de posibilitarle al hijo el desarrollo libre de su religiosidad, para que el día de mañana pueda elegirla si así lo deseara.

Los padres no coartan la libertad de sus hijos cuando les posibilitan desarrollar su religiosidad, sino que, por el contrario, aumentan su libertad, ya que le enseñan cómo poder ser coherentes —si lo desean— con lo que son. Sólo el cómo. Sin exigencias. Porque al fin y al cabo serán los hijos los que en definitiva deberán elegir libremente. Esto ocurre con mayor claridad en la adolescencia.

Precisamente la limitación de la libertad sería mantenerles en la ignorancia. Sólo se puede elegir si se conoce antes y sólo se puede conocer si se le enseña. Mientras más le enseñen a su hijo sus padres, más libre será de elegir lo que quiere para él.

Es evidente que de padres creyentes surgen hijos que no practican y al revés. Por tanto la educación religiosa no determina. Ya que se trata de una opción meramente personal, no familiar. Y la libertad es el núcleo de su esencia.

Quieran o no, lo crean o no, si Dios existe, existe con independencia de lo que opinen padres e hijos. Pero la actuación de los padres es clave. La carencia religiosa durante la infancia genera un vacío muy difícil de subsanar de forma ordinaria. Por tanto se trata de una necesidad de los hijos y una obligación responsable de los padres.

A menudo hay padres que consideran la formación religiosa como algo que mutila a sus hijos. Lo creen así porque no han sido educados religiosamente o porque no han vivido la práctica de su religión.

También pueden aún quedar algunos que consideran la formación religiosa algo propio de las mujeres. Como si para vivir acorde a una religión no se necesitara una gran dosis de virilidad.

Recuerdo un convencimiento de mi padre, que desde su experiencia de varios años como psiquiatra del Tribunal Tutelar de Menores —es decir, con delincuentes juveniles—, aseguraba que eran muy pocos los adolescentes que viviendo una religiosidad coherente y sana, practicasen conductas antisociales. Igual que quienes frecuentan grupos de comportamiento antisocial no profesan prácticas religiosas sanas.

DISTINTOS TIPOS DE PADRES

Ante la educación religiosa, Reinprecht distinguió cuatro tipos de padres.

— *Los muy religiosos*. Denominados también *fanáticos* o *beatos*. Los que practican de manera manifiesta, visible, los sacramentos, por ejemplo en la religión católica, al tiempo que exigen a sus hijos la misma práctica. Se acompañan de sus hijos en su propia práctica religiosa, sin contar con su permiso y sin predisponerlos positivamente a ello para que vayan realmente por su propia voluntad. Los padres que se sienten heridos y se disgustan con sus hijos cuando estos han faltado a alguna práctica religiosa o cuando reciben de ellos alguna queja al respecto.

— *Los padres que siendo auténticamente religiosos y llevando a la práctica diaria las conductas de su fe, procuran —con el ejemplo y no con la exigencia—, que sus hijos escojan por ellos mismos esta práctica, encontrando su sentido y felicidad. Y haciendo ellos lo mismo con sus hijos el día de mañana.* Estos padres hablan con ellos de estos temas. Le facilitan los medios para practicar su religión. Rezan por ellos. Pero jamás les exigen, solo recomiendan, una u otra práctica. Siempre bajo un clima de paz, libertad y felicidad, que los hijos comprueban en el ejemplo de sus padres.

— *Los padres indiferentes ante la religión.* Los que dicen que creen en Dios, pero no en la Iglesia. Que no se meten en si sus hijos practican o no, a no ser que se vean heridos en su orgullo.

— *Los padres que verdaderamente están en contra de la educación religiosa y la religión.* Que no quieren oír hablar a sus hijos de ello. Que les prohíben la práctica religiosa o se la obstaculizan. Así como la lectura de documentos referentes a ella.

Los resultados a los que conducen estas cuatro posturas, en reglas generales, son las siguientes:

— *En el primer caso. El de los padres muy religiosos.* Lo más probable es que cuando el niño llegue a la adolescencia, cuando compruebe que sus compañeros caminan por otro sendero, hagan lo mismo. A estos padres habría que decirles que la religión no se impone. Al igual que ellos son libres de escoger su práctica religiosa, sus hijos también lo son. Y que, si no su espíritu, al menos sus formas, dicho de paso, son algo exageradas y radicales. Formas que deberían revisar y moderar para hacerlas más amables, si quieren que sus hijos le sigan con libertad en sus convicciones.

— *Los padres del segundo grupo. Los que son religiosos, pero fomentan la libertad en sus hijos.* Son padres que, de ordinario, disfrutarán con hijos que no tendrán grandes inconvenientes para acompañarles en sus prácticas. Con frecuencia, sus hijos se apartarán discretamente de la práctica pública piadosa. Lo que es bueno. Buscarán su personalidad y su equilibrio. Para una vez encontrado, seguir siendo practicantes convencidos.

— *Los pertenecientes al tercer grupo. Los indiferentes ante la religión.* En la mayoría de los casos seguirán creyendo más o menos. Pero a la hora de comprometerse, no estarán dispuestos.

— *Finalmente, los del cuarto grupo. Los que están en contra de la religión.* Tenderán a romper con todo lo que les suene a ataduras. También con sus padres. La mayoría de estos hijos son los que con mayor frecuencia, al no tener firmes estímulos para creer, llegan al vacío existencial en el hecho religioso, con las consecuencias de cualquier vacío existencial vista en un capítulo anterior. Son estos hijos los que más echarán en cara a sus padres, directa o indirectamente, que les transmitiesen valores caducos.

CAPÍTULO 34

ALIMENTAR LA PERSONALIDAD

La personalidad de los hijos se va formando desde que empiezan a sentir en el útero materno hasta los seis años después de nacer aproximadamente. Por tanto, en la adolescencia lo que se puede hacer realmente es educar su conducta, su carácter, sus modales, más que su personalidad. Salvo con una actuación intensa, específica, que no siempre da resultados.

Se trata de un margen pequeño que el ser humano guarda instintivamente para su reeducación durante toda su vida. Como un pequeño arcén incluso en los más sinuosos caminos en los que se adentra, por si tuviera que dar imperiosamente la vuelta.

Con todo, la adolescencia de un hijo es momento propicio para alimentar esa personalidad que se forjó básicamente hasta los seis primeros años de su vida.

En la adolescencia se producen oportunidades con las que robustecer su personalidad, tales como:

— Adquirir nuevas obligaciones.

— Poner en práctica, desarrollar, la riqueza y los valores personales.

— Acumular fracasos, de los que aprender.

— Multiplicar las alegrías y las tristezas, los sufrimientos. Todo lo que contribuye a la compleja amalgama de cada persona, que atesora lo vivido y no olvida ningún momento verdaderamente vital.

La felicidad del adolescente, sólo se consigue en la medida en que se desarrolla su personalidad. Ir madurando es ir conociendo y aprovechando lo mejor de su personalidad.

La adolescencia, que es el tiempo de madurar más, es el tiempo por parte de cada hijo de conocerse, tolerarse y sacar brillo a sus virtudes. Y por parte de los padres, de alimentar su personalidad para que le sea posible.

Los padres han de ayudar a madurar a sus hijos. Porque si el fruto se separara del árbol sin haber madurado, nunca lo haría del todo y perdería su verdadero sabor. Como no gusta ni se valora la fruta madurada artificialmente.

La sociedad está saturada de adultos inmaduros, pseudo-adultos, sin personalidad, despersonalizados. Encerrados en sí mismos. Que giran en torno a su impotencia. A quienes de poco sirve la libertad que desaprovechan. Que se mueven en la irresponsabilidad, destruyéndose a sí mismos y a quienes tienen a su alrededor.

¿CÓMO?

La adolescencia se convierte en una etapa crucial en la que los padres han de ayudar a sus hijos con:

— Su presencia.

- Atención.
- Cuidado.
- Paciencia.
- Su habilidad.
- Su experiencia.
- Tacto.
- Orientación.
- Discreción.
- Lealtad.
- Ayudándoles a que puedan expresarse y actuar tal como son. Sin miedo a quedar mal o inoportunos.
- Ayudándoles a reconocerse y valorarse en las consecuencias de sus actos. Positivas si acertaron. Negativas si erraron.
- Provocando que su hijo se sepa independiente pese a la preocupación y agradecimiento que siente por quienes le rodean, empezando por sus padres.
- Haciendo que se sientan bien, siendo como son. Luchando por mejorar.

La principal tarea de los padres es hacer que su hijo se descubra como persona. Que se identifique como tal, viviendo su autonomía real, su libertad y responsabilidad. Punto de partida de su felicidad ahora como adolescente y mañana como adulto.

La personalidad se dibuja con el pincel de la libertad. Por eso la libertad es tan valiosa para el adolescente.

Al ejercer la libertad, el adolescente se afirma como alguien que se adhiere o se opone a todos los demás. Adquiere entonces sentido por sí solo. Su existencia tiene un por qué. Se siente él mismo. Valioso. El mundo no sería exactamente el mismo si él no existiera. Su ser es absolutamente único. Entonces el adolescente se siente a sí mismo, se quiere a sí mismo.

Al ser libre, con una libertad potenciada a través del cariño de sus padres, el adolescente se sabe con certeza que no es copia de nadie. Al ser libre, aprende que su vida, aunque se pueda parecer mucho a otras, no es igual que ninguna de las que han existido en el pasado ni existirán en el futuro.

El adolescente, aunque se parezca biológicamente a sus padres, siempre se distingue más que parece. Es ley de vida. Es una persona diferente a sus padres. Él mismo. Único.

Cuando es consciente de su personalidad diferente a la de sus padres y experimenta la cota de libertad que ha de tener ajustada a su edad, es cuando se siente persona de hecho. Con valor infinito. Necesario para ser feliz y para los demás.

CONTRA LA MASA

En nuestro siglo, en nuestra sociedad, la persona continuamente resulta ignorada. Por eso hay tanta soledad y complejos entre los adolescentes. Frustraciones no toleradas. Y en consecuencia la mayoría de adolescentes —como la mayoría de adultos— se consideran infelices.

En nuestra cultura civilizada del primer y segundo mundo, se ha sustituido el concepto de persona por el de individuo.

Los propios adolescentes de hoy se autodefinen como *individualistas* más que como *consumistas*, como lo hacían en diversas encuestas hace diez años.

Las personas son insustituibles, los individuos no. Los individuos pueden intercambiarse sin alterar el resultado.

Lo que interesa a nuestra sociedad actual, gobernada por los intereses, liberal y práctica, es que los individuos puedan intercambiarse cuando convenga, sin que se altere demasiado su función. Para ello, basta reducir los individuos a su denominador común, para cuando se tengan que intercambiar.

En nuestra sociedad actual, todas las piezas tienden a ser iguales. Se valora lo que las asemeja. El valor de una es idéntico al de otra. En todas las facetas de la vida: económica, política, social, pedagógica, empresarial...

Las personas pasan a ser cuantificables a conveniencia.

Pero para ello, las personas han de perder su personalidad.

Si son cuantificables es fácil que pasen a masificarse. El individuo pasa a importar cuando se une a otros y forman una masa. Por sí solo hoy apenas tiene valor.

Esto lo escuchan nuestros adolescentes —como los adultos— de forma práctica todos los días a su alrededor.

Parece que nadie conseguiría nada por sí solo, si no se une a muchos.

La masa arrastra a las personas. Más si son adolescentes. Aún más si no tienen una personalidad alimentada.

La masa manipula a la persona, que va perdiendo su diferencia y su capacidad de reaccionar. En poco pierde su capacidad de elegir. Su libertad. Al acostumbrarse a que la masa sea la que determina lo que hay que hacer y se hace.

De ahí vienen las crisis de identidad. Cada día más frecuentes en la adolescencia.

Al sentir que uno no es nada ni nadie, huye a refugiarse en un frenesí libertario que va contra sí mismo y la sociedad.

Muchos se refugian en el alcohol, las drogas, costumbres de riesgo, etc. Como uno más, para no desentonar. Orientando su rebeldía, contra sí mismo si hace falta. El único contrincante que le queda, al no tener fuerza para combatir con la masa.

Gracias al desarrollo de la libertad y la personalidad, los adolescentes pueden escapar a las más letales trampas en su camino.

A través de la libertad, el adolescente alimenta su personalidad y se vuelve capaz de enfrentarse con la masa de individuos, sin dejarse devorar por ella. Se capacita para escapar de sus garras.

La libertad le da a su personalidad el alimento suficiente para vencer las presiones sociológicas, viviendo tal y como él quiere, manteniéndose contra la corriente de las fuerzas que intentarán dominarlo.

Afirmándose como persona en una sociedad masificada, el adolescente será consciente de su propia liberación.

A medida que una masa se vuelve más numerosa, adquiere mayor peso y se vuelve más opresora. Las presiones aumentan proporcionalmente al número de integrantes de la masa. Y más diluyen la personalidad de sus componentes.

La estadística invade entonces, como en nuestra sociedad, el ámbito de lo humano y lo reduce a un simple cómputo y resumen. La persona debe, por tanto, afirmarse como persona precisamente. A fin de no reducirse a una cuantificación.

Sucumbir al imperio de la estadística, es convertir la libertad en la negación de sí mismo. Es renunciar a la acción para sumarse a la pasividad. Pero la libertad, si no se ejerce, si no nos lleva a actuar, siguiendo nuestra personalidad, si no luchamos por ella, se pierde. Nadie nos puede hacer libres ni darnos personalidad, sino cada uno.

De adolescente se aprende cómo ser libre de adulto.

Los padres, en la adolescencia deben ayudar a su hijo a enfrentase a su actuación. A sí mismo. A zafarse del peso de las estadísticas y la masificación, animándole a que comience ya desde su adolescencia a proteger su dignidad de persona. A hacer valer su diferencia, única e irrepetible. Su valor. Base de la felicidad propia y de aquellos a los que más se entregue y quiera hoy y el día de mañana.

CAPÍTULO 35

LA LIBERTAD DE LOS HIJOS Y LA AUTORIDAD DE LOS PADRES

La libertad de los hijos es lo más difícil de educar para unos padres. Pero hoy es más necesaria que nunca, porque en la mayoría de los ambientes donde un adolescente se mueve, impera la civilización de la propaganda y de la publicidad.

La autoridad de los padres y la libertad de los hijos no son antagónicas, sino necesariamente complementarias. El fin de toda educación es hacer a los hijos cuanto antes autónomos y libres, alimentando su personalidad.

La libertad de verdad de los hijos se potencia a través del amor verdadero y comprometido de los padres, que tiene como componente esencial, la autoridad. Por eso, la autoridad de los padres no es un fin, sino el medio para lograr la libertad de los hijos. Y todo buen padre sabe que es necesario amar mucho, para sobreponerse al esfuerzo, a la complicación, al agotamiento de hacerse obedecer en beneficio de un hijo y exigirle sacrificios que le permitan ser cada día más libre.

A los seres humanos nos inspiran respeto quienes nos liberan. De ahí que los buenos padres acaben siendo en la vida de los hijos las personas más respetables y amadas, porque fueron las que más le liberaron y enseñaron a liberarse.

La necesidad de ser libre es vital para el ser humano.

Los padres, que le dieron la vida a sus hijos, han de seguir dándoles ahora más vida, mediante la posibilidad de aumentar el ejercicio de su libertad y el aprovechamiento de su personalidad.

Y es que la libertad resulta una necesidad vital que se manifiesta en el ser humano antes de nacer incluso:

— En el impulso que empuja al bebé hacia el aire libre, fuera del seno materno, pese al esfuerzo que le conlleva esa libertad. Que se va consolidando conforme el niño crece.

— Por ejemplo, cuando el niño decide llorar o no en la cuna, por capricho a veces.

— Cuando descubre que el movimiento le da libertad. Al desplazarse o jugando. Si mueven la cabeza se niegan a comer, cierran la boca diciendo que no, la abren de repente admitiendo comer. O escupen la comida cuando los padres creían que ya había aceptado comer.

Los hijos experimentan la libertad desde el nacimiento. Disfrutan cambiando de parecer, cambiando las cosas con su libertad. Desobedecen para mostrar su dominio. Porque en efecto es para el ser humano, desde niño, una cuestión vital.

¿POR QUÉ ES TAN VITAL?

Porque la libertad es el atributo más importante que tiene el ser humano. Lo menos humano. Lo más divino. Lo más valioso. Lo que más consecuencias, más grandes y beneficiosas puede lograrle.

Es la capacidad de escoger voluntariamente, sin coacción, lo que más le conviene. El ser humano es capaz de mejorar y ser más feliz según acierte o no en su elección.

— La libertad le permite ser mejor, más perfecto, porque le permite elegir, cambiar, conseguir la mejora optando por cada uno de los pasos que le hacen progresar.

— La libertad no está diseñada para hacerse daño.

— La libertad no es la capacidad de seguir los instintos, eso son los instintos. La libertad no es la capacidad de matar a alguien en un ataque nervioso, eso es la pasión o la emoción de la ira. Sí es, sin embargo, poder escoger no matarlo cuando la emoción nos inclina a hacerlo. No seguir el instinto cuando la inteligencia nos alumbra un bien mayor.

— La libertad sí es no hacerse daño, cuando lo más fácil sería hacerlo.

— La libertad es la capacidad del ser humano para elegir, optar, por lo que en verdad le conviene, en verdad anhela, en verdad le hace bien.

— Es libre quien pone en juego, porque lo elige así, cuando lo elige, como lo elige, su inteligencia, su voluntad, su responsabilidad. Para acertar y lograr un bien. Quien no acierta, es esclavo del error, de algún defecto en el proceso.

— La libertad no es proporcional al número de opciones. De forma que si tuviéramos más opciones no seríamos más libres.

Podemos tener una única opción y optar libremente por ella o no hacerlo libremente. No es más libre por tanto quien más opciones tiene. De hecho ante muchas opciones hay quienes se colapsan y no eligen por no perder las demás.

— La libertad no es mayor si es mayor el número de opciones, sino si se elige una opción, la que sea, con pleno consentimiento, voluntad e inteligencia... y con ello se logra ser más feliz, mejor: acertar.

— La libertad no puede quitarse. Solo entregarse.

Siempre queda al ser humano, al adolescente por tanto, dos opciones: querer o no querer.

— La libertad no se pierde aunque se le prive de espacio, humille, torture... mate. Porque la libertad se guarda dentro. En la cabeza y el corazón. Donde otro no llegue si uno no quiere.

Muchos, como los masacrados en Auschwitz y antes —ayer y hoy—, son encarcelados, violados, torturados en cárceles del siglo XXI. Asesinados ante la mirada callada de millones de espectadores del primer mundo. Pero mantienen su libertad porque en su cabeza y su corazón nunca entregaron su voluntad. Sus deseos. Su querer. El sentido de su sufrimiento. El de su vida y su muerte. Espíritus libres hasta el final en manos de quienes no lograron arrebatarle lo único que les quedó y lo único que sus violadores buscaban: su libertad.

Esa es la libertad que un buen padre enseña a su hijo, ya adolescente, al que quiere por encima del mundo y quiere su autonomía. Esa es la libertad que los hijos necesitan hoy más que nunca, y que merecen.

— La libertad no se pierde si no se entrega porque es un don divino, interior. Pero sí se puede renunciar a ella, y sustituirla por los instintos, el miedo, la comodidad, la embriaguez, la droga... Entonces, es el miedo, los instintos, la comodidad, la embriaguez o la droga, la que elige por ellos, la que les lleva, la que les fuerza a donde no desean.

— Pero la libertad, como el resto de cualidades, hay que aprender a ejercitarla. Es un Ferrari, lo mejor que se tiene para trasladarse y conseguir llegar muy lejos. Pero hay que aprender a utilizarlo para no estrellarse. Es delicado y frágil al principio. Después, si se ha aprendido bien, es firme e indestructible.

La libertad pues, como todo lo importante se enseña a ejercitar y se ejercita, se robustece en la familia.Es vital. Y ante ella, hay tres actitudes posibles en los padres, de los que ya se hablaba más extensamente en el capítulo «*Amor-Autoridad-Libertad*» de la primera entrega de este libro: *Guía para ser buenos padres*:

Los padres rígidos:

— Que encuentran siempre excusas para ser autoritarios y no considerar la libertad de los hijos.

— Actúan con buena voluntad.

— Siguiendo los antecedentes de sus propios padres autoritarios, rígidos en exceso.

— Son más intransigentes cuanto más inseguros están de sí mismos.

— Se reafirman por la fuerza mediante gritos y amenazas.

— Logran resultados, pero pierden pronto la confianza y buena parte del aprecio de sus hijos.

— La autoridad en ellos sólo es superficial y aparente.

— La libertad de sus hijos será como una olla exprés que acabará explotando como nadie hubiera deseado.

Por otra parte, están los padres débiles:

— Son los más frecuentes hoy.

— También actúan con buena voluntad.

— Desean ser el contrapunto de sus propios padres, que fueron autoritarios y rígidos. Caen en el otro extremo para evitar lo que ellos pasaron como hijos. Pero cuando se cede ante un hijo sin buscar lo que en verdad le hace bien, éste querrá encontrar un terreno sólido, una resistencia que le de seguridad, lo que más busca un adolescente. Desde niño el ser humano busca los límites que le hagan caminar seguros. Más el adolescente.

— Los hijos de padres débiles no maduran adecuadamente.

— Son afectivamente infantiles.

— Temen a la propia vida y dependen de unos padres en quienes no tienen una total confianza, ya que son los propios padres lo que dependen de ellos.

Y por último están los padres amantes, generosos y responsables:

— Verdaderos buenos padres. Los que pueden enseñar a sus hijos cómo lograr su propio bien.

— No se buscan a sí mismos ni afirmarse con la autoridad.

— Fueron educados en la suficiente libertad ellos mismos, como para valorar como un tesoro la libertad de sus hijos. Les ayudan a desarrollarla y administrarla.

— Desde los primeros meses les permiten una gran libertad de movimientos para que sus músculos se desarrollen.

— No les fuerzan a tomar ningún alimento, se lo dan poco a poco o no se lo dan, si no lo quieren.

— Eso sí, se encargan de que los hijos se enfrenten a la consecuencia natural de cada uno de sus actos libres. El hambre si no quiso comer a su hora, por ejemplo. Sin conflictos, ni malos modos.

— Educan los hábitos con flexibilidad. Comprendiendo la importancia del esfuerzo que supone cada avance de su hijo, porque en libertad los avances son duraderos.

— Exigen la obediencia sin gritar, con firmeza en las consecuencias que advirtieron con claridad a tiempo. Así desde pequeños.

Si no se hizo de esta manera, cualquier momento y edad es buena para empezar.

Los hijos adolescentes saben apreciar la libertad en la medida en que sus padres han usado la autoridad para enseñarles a amar el bien y la satisfacción de actuar libremente. Pudiendo no hacerlo. Por ejemplo, sintiendo la satisfacción que un hijo siente cuando obedece, si en realidad su padre hubiera soportado sin grandes castigos que no lo hubiera hecho realmente.

Quien ama de verdad, ama libremente. Los padres que aman a sus hijos, les enseñan a utilizar su libertad y se convierten para ellos en los seres humanos más importantes y respetables. Cada día:

— Desarrollando sus valores y su jerarquía.
— Desarrollando su razón.
— El dominio de sí mismo en ellos.
— Su sentido de la responsabilidad.
— Su sentido del riesgo.
— Del fracaso.
— Alimentando en ellos el sentido positivo, optimismo y la esperanza.
— Enseñándoles la trascendencia de lo que son y pueden hacer.
— Dándoles ejemplo de cómo se puede amar desinteresadamente y de verdad.
— Enseñándoles la justicia.
— Y enseñándoles la autoridad

En definitiva, uniéndose padres e hijos en la experiencia de que ser libre es ser mejor y viceversa. Y que la autoridad une y compromete al padre y al hijo en la verdadera libertad generosa de ambos. Para beneficio de los dos.

CAPÍTULO 36
POTENCIAR SU CAPACIDAD Y SU VOLUNTAD

Una definición de ser humano muy extendida lo describe como *ser racional con inteligencia y voluntad*. Por lo que parece que la voluntad es algo esencial. Pero la voluntad en sí no es nada. Por eso los padres sólo saben detectar su presencia o ausencia, comprobar si su hijo tiene o no voluntad, pero no saben cómo conseguir que la tenga si carece de ella.

La voluntad no es nada distinto a la necesidad y al enamoramiento. Tener voluntad es tener la necesidad de algo y sentirla así o estar enamorado de algo. Quien hace algo con voluntad siente su necesidad y ello le hace ponerse en acción para lograrlo. Nadie va a trabajar todos los días, superando múltiples obstáculos, porque sea *su deber*. Eso es solo una expresión hecha. El ser humano encuentra la voluntad que precisan cada una de las acciones que realiza, en la necesidad que siente de hacerla o el enamoramiento que siente.

El hombre es un ser personal, es decir, racional, dotado de inteligencia, libertad y capacidad de amar y ser amado.

En lo que comúnmente llamamos voluntad hemos de incluir por tanto la libertad y la responsabilidad, su inseparable compañera.

Esto explica muchas de las dificultades que encuentran multitud de padres. Padres de hijos que en un momento determinado manifiestan querer hacer algo, pero no tener fuerza, voluntad, de llevarlo a cabo, y sufren por ello.

Ambos —los hijos por la frustración de no alcanzar lo que tan nítidamente desean y los padres al verlos no alcanzar sus metas y el bien que les reportaría—, acaban conformándose con las consecuencias negativas que les conlleva no haberlas logrado.

Porque, de una forma práctica, la voluntad se reduce a la capacidad del ser humano para empezar y terminar lo que quiere y le hace bien.

LA NECESIDAD

El hombre y la mujer tienen en sí la capacidad para cambiar o empezar a cambiar su manera de comportarse cuando lo desee, y en esa posibilidad de cambio, entra en juego lo que llamamos *voluntad*. Es decir, la capacidad del ser humano para sentir la necesidad de lograr algo y hallar las fuerzas emocionales de ponerse en el camino hasta su fin. Lo que encuentra de una forma directa si se enamora de ello. O indirecta, si no es objeto de su enamoramiento.

La obligación no tiene fuerza suficiente para levantar a nadie de la cama, para sacarlo del placer del sueño. Es la necesidad de lo que conlleva el trabajar a cada persona lo que le insta mecánicamente a hacerlo, sin dudarlo. Con esfuerzo, pero sin dudas ni grandes retrasos. Se hace porque se necesita. O porque se está enamorado de aquello. Porque compensa en los dos casos. Sin más planteamientos.

Esfuerzo, hemos dicho. No capacidad.

Muchos adolescentes y sus padres creen con frecuencia que si no logran algo es por falta de capacidad. Torpe excusa de los necios, cobardes o inconformistas. En realidad la fórmula es otra: el esfuerzo puesto, más la necesidad de algo (o también el enamoramiento) da como resultado la capacidad del ser humano:

$$ESFUERZO + NECESIDAD \text{ (o ENAMORAMIENTO)}$$
$$=$$
$$CAPACIDAD$$

A mayor esfuerzo puesto y a mayor necesidad o mayor enamoramiento, se aumenta la capacidad.

El adolescente que no pone esfuerzo no es capaz. Como tampoco lo es el que no encuentra una necesidad.

La voluntad se alimenta, entonces, de la necesidad y del esfuerzo. Pero el esfuerzo se pone cuando se siente la necesidad (o enamoramiento) suficiente. Por tanto, la voluntad se reduce a la necesidad.

AHORA

Sin la voluntad, nuestros propios sentimientos, los mejores motores para lo bueno, se convierten en nuestra horca.

Pero el ser humano solo nace con la capacidad de la voluntad, no con ella o sin ella. ¿Cuándo ayudar al hijo a potenciar su voluntad? Ahora. *Ayer* es el canto de los vencidos y *Mañana* el de los perezosos, que no llegarán a la meta. Por eso, el momento más oportuno para empezar las cosas grandes es *ahora*: el único que puede conducirnos a la victoria.

La voluntad hay que concretarla. No puede dejarse para conquistarse a lo largo de la vida, ni del año que entra, ni de hoy siquiera, sino de ahora. En este instante o desde este instante.

Por eso la voluntad tiene su clave en actos concretos y cotidianos, y no en momentos extraordinarios, que desbordan a cualquier adolescente.

¿CÓMO?

¿Por dónde se puede empezar?

Una hora fija de levantarse. Consensuada con el adolescente, razonada en virtud de las necesidades de toda la familia, no de él exclusivamente. Que una vez fijada, no admitirá negociaciones ni vacilación. Salvo por causas graves y justificadas. En esta determinación, los padres han de actuar:

— No permitiéndole permanecer en la cama tras la hora pactada. No se trata de autoritarismo ni coacción a su libertad, sino de ayudarle a cumplir con un compromiso suyo, adquirido por él.

— Haciéndole ver con razonamiento y cariño que levantarse es una señal de madurez, de dominio de sí, de valía y adultez. Y quedarse en la cama lo es de derrota e inmadurez.

— Poniéndole ante la causa de quedarse en la cama: desorden, pereza, falta de fortaleza, de energía, de poder sobre su comodidad, de control, de madurez.

— Advirtiéndole antes de acostarse, durante el día

anterior o cuando se acordó la hora, que le costará y que cuanto más le cueste, más voluntad, fortaleza y capacidad para otras cosas adquirirá.

— Deberá acostumbrarse a concebir, antes de acostarse, un proyecto de trabajo que sea de su agrado o de su necesidad al día siguiente, de forma que al despertar se encuentre con este pensamiento y le ayude a levantarse.

— Que piense que el levantarse no es un hecho en sí aislado. Sino el inicio, el primer eslabón de una cadena que no se formaría adecuadamente de no iniciarla levantándose a punto.

Aseo personal:

— Calculando un tiempo que el adolescente mismo determine de antemano para asearse e intentando no excederlo.

— Lo mismo para vestirse, habiendo elegido antes de comenzar el proceso lo necesario para vestirse. Dedicando si es preciso cuatro o cinco minutos al comenzar para establecer el orden de acción que seguirá. Esto no es perder el tiempo, sino organizarse, y ayuda al orden y a la voluntad.

Prever lo que hará en el día. Su agenda de trabajo.

— Intentar seguirla pese a los contratiempos del día, y con la flexibilidad de la propia jerarquía y sentido común, ayuda a la voluntad.

— Es bueno aprender a compaginar la sana libertad de no cumplir con lo previsto si hay razones suficientes, con tener un plan previsto e intentar seguir su ritmo.

Comidas. Resultan una ocasión muy útil para la educación de la voluntad. Porque ayudan al adolescente no solo a ejercer la libertad de querer, sino aprender a querer. Ayuda a concretar el dominio de sí mismo. Las comidas son ocasión de multitud de oportunidades para ejercitar la voluntad. Una mina educativa.

— No comenzando el primero.

— Cediendo lo que sabe que a otro le gusta, o al menos retrasando el cogerlo.

— Comer sin saciarse de lo que más le gusta.

— No despreciando ningún alimento.

— Beber más agua que refresco.

— No exigir prisa cuando le sirvan.

— Ayudar a poner y, sobre todo, a quitar la mesa.

— Lavar los platos o colocarlos en el lavavajillas, según costumbres.

— Halagar a los implicados en la elaboración de la comida, con gusto.

Descanso.

— Planificándolo como con el trabajo, para aprovecharlo y disfrutarlo más cuando llegue.

— Comenzando y terminando el tiempo de descanso

con la misma puntualidad que se intentará lograr para todo.

— Aprovechándolo relajadamente.

Hacer balance al final del día. El adolescente debe acostumbrarse a hacer un balance al terminar el día.

— Sobre cómo ha transcurrido su actitud y cuáles han sido los resultados obtenidos.

— Cuáles han sido los éxitos, cuáles los fracasos.

— Qué contratiempos ha encontrado.

— Todo para una vez analizado, olvidarlo, echarlo al saco del pasado, y dormir más tranquilo, pensando que mañana será otro día y puede ser aún mejor. Repitiendo lo acertado y modificando en sus posibilidades lo errado.

Pero no basta con ejercicios como los descritos, siendo útiles e imprescindibles. En la adolescencia hay que encontrar la verdadera finalidad de cada acto que se inicia para poder acabarlo. Y que a esa finalidad se enganchen las emociones que tirarán del carro, ayudando al esfuerzo, cuando más pese. El adolescente debe reflexionar, saber y descubrir que:

— La voluntad (necesidad y esfuerzo) es lo que le hace ser humano, superar al animal y poder lograr mayor éxito que cualquier animal. Una infinitamente mayor felicidad comparada con el animal si logra el objetivo que se haya propuesto.

— Que a través de la voluntad, adquirirá el control de sí mismo, el dominio como ser humano, el aprendizaje de cómo se ama bien y se logra ser amado con mayor satisfacción.

— Que con la voluntad se convertirá en libre, autónomo, maduro, bueno, atractivo, respetado y feliz.

— El adolescente debe pensar que con voluntad (esfuerzo y consciencia de necesidad) vivirá mejor y más.

— Que su mundo crecerá.

— Que su capacidad de amar se garantizará, como también su satisfacción al recibir el cariño, aprecio y reconocimiento de los demás. Los que él más quiere.

— Al adolescente le ayudará pensar y saber que moderarse y esforzarse no le disminuye el éxito, la satisfacción, el placer, el sabor de la victoria, sino que se lo asegura de verdad.

— Los adolescentes y sus padres deben saber que la voluntad, el esfuerzo, la necesidad y el enamoramiento son funciones del cerebro y que el cerebro es el órgano de la voluntad. Que puede por tanto, controlarla, y de su control depende su felicidad.

Y, sobre todo, han de saber que:

— El ser humano quiere (voluntad) lo que piensa y por eso, ha de pensar primero lo que le conviene en verdad.

— Ha de reflexionar sobre aquello que debe sentir como realmente necesario o de lo que merece la pena enamorarse. Rodearlo de sentimientos íntimos y profundos, que provoquen la energía y fortaleza suficientemente a la necesidad.

— Ha de analizar cómo ha de poner su esfuerzo, seguro de que la capacidad acompañará a los anteriores: al esfuerzo y la necesidad.

— Que los más altos logros están diseñados a la altura de su capacidad.

— Que ha de centrarse, convencido, en poner los medios para el logro que desea.

— Que el primer paso siempre es un pensamiento.

— Que el segundo es la convicción de que, pese a los momentos de flaqueza, la necesidad de algo varía y por tanto merece la pena el esfuerzo que exija hasta lograrlo. Quien une la perseverancia a una buena idea, obtiene el éxito.

— Sin perder de vista la seguridad de que el éxito siempre llegará y a cada paso que se da sencillamente se está más cerca y es más fácil lograrlo.

Para terminar, padres e hijos han de tener en cuenta que todo lo que parece difícil hay que intentar comenzarlo por el obstáculo que mine el resto, por aquellos logros que nos abrirán con facilidad el éxito mayor. Pero si se antoja insuperable, se deberá empezar por lo más sencillo.

Sin olvidar que, acumulando pequeños esfuerzos en una necesidad, se acaba por crear el hábito indestructible que la conquista.

Por eso hay que aprovechar cualquier ocasión, por pequeña que parezca, de ejercitar la voluntad.

CAPÍTULO 37

EDUCAR LA RESPONSABILIDAD EN LOS HIJOS

Garrison definía la responsabilidad como «*la capacidad de un individuo para afrontar los deberes de un modo satisfactorio para él y para los demás*».

Como todos los hábitos que puede adquirir el ser humano, la responsabilidad no se hereda ni se adquiere de manera espontánea o rápida. Salvo casos excepcionales. Por el contrario, lo normal es que requiera un largo aprendizaje a lo largo de la vida y posibilidades de ejercitarla cada día.

Antes de la llegada de la adolescencia, el hijo debió adquirir los fundamentos de la responsabilidad y haberla podido ejercitar en la familia y en la escuela. Si no, resulta más difícil lograrla en su grado óptimo.

No obstante, nadie llega a esta edad sin ninguna responsabilidad ni habiéndola logrado por completo. Por eso, de una manera práctica los padres han de convencerse de que es la adolescencia la etapa idónea con la que cuentan para educar la responsabilidad. Que como cualquier otra faceta de la personalidad, nunca se posee en plenitud y siempre es susceptible de modificación.

PRINCIPIOS EN LOS QUE SE BASA

— La conciencia plena de ser un ente individual con una misión concreta que cumplir. Tener un sentido por el que vivir. Él. Diferente a los demás: único. Por lo que él y solo él está tan capacitado para ejercer la misión que ha de cumplir en el mundo. Un mundo que no sería exactamente igual sin él. Y si alguien ocupase su lugar, no cumpliría con la misión que él tenía. Pensar esto le facilita al adolescente el ánimo para hacer lo que debe y lo mejor posible.

— Conciencia de ser parte de una familia concreta a la que pertenece con sus derechos y obligaciones. Por lo que él mismo no se puede permitir vivir a costa de los demás, sin participar en función de su edad y capacidades. Sabe que la casa es de todos y para todos y así ha de comportarse.

— Conciencia de ser social, que vive en una sociedad de donde ha podido satisfacer sus necesidades, por vía directa o indirecta, a través de sus padres. En recompensa ha de entregar a los demás de la sociedad su contribución a la misma.

— Teniendo en cuenta que el deseo de pertenencia, sin el que ningún ser humano es capaz de vivir o encontrar sentido a su existencia, sólo se consigue y se practica a través del ejercicio responsable. Pertenecer es una necesidad básica, mediante la que persona se actualiza y encuentra su propio significado. Y nadie pertenece —íntegra y eficazmente— si no es responsable.

— El carácter trascendente de toda acción. El adolescente ha de ser consciente de que ninguna acción, como ninguna omisión, cae en el vacío sin repercusión. Ha de saber que cuanto hace o deja de hacer es trascendente: va mucho más allá —en sus consecuencias— del acto en sí o no acto.

TIPOS DE RESPONSABILIDAD

Podemos distinguir dos tipos.

— Una externa. Procedente de fuera. Por la que alguien ha de realizar determinadas funciones. Se parece a la obediencia. Es la responsabilidad típica de los niños hasta los 10 años. Y por la que actúan personas poco responsables, al ser demasiado primaria.

— La responsabilidad propia del adolescente y adulto es interior. Sin mandato exterior que lo comprometa. Sino el dictado de su propia conciencia y valía. Más que de cualquier mandato el impulso a hacer algo surge de lo que considera su deber. Una responsabilidad madura. Inteligente y libre. Por eso pone en lo que ha de hacer, su capacidad para tomar decisiones y llevarlas a la práctica hasta el final.

Por ello, a los hijos adolescentes hay que estimularles a que tomen decisiones por sí mismos cuanto antes, las propias de su edad y sin comprometer demasiado a los mayores.

CAUSAS FUNDAMENTALES DE LA
FALTA DE RESPONSABILIDAD

— El cariño malentendido. Como consecuencia de éste, los padres procuran evitar molestias pensando que sus hijos ya tendrán suficientes a lo largo de su vida. Así sus propios padres le inducen a la falta de responsabilidad.

—La autosuficiencia de los padres. Cuando piensan que se bastan por sí mismos y no necesitan la colaboración de sus hijos. Así, los niños no aprenden los deberes que son necesarios y la parte de ellos que les corresponde intransferiblemente.

— La impaciencia de los padres. Que son tan rápidos en hacer algo, que no soportan perder tiempo en enseñar a sus hijos a hacerlo o esperar a que lo hagan.

— El perfeccionismo de los padres. Que desean que sus hijos realicen las funciones con la misma perfección, a la primera. Como no es posible, no les dejan apenas participación, y si lo hacen, les incordian con sus recomendaciones. De modo que provocan que los hijos se aparten en cuanto puedan de lo que deben hacer.

— La falta de tiempo. No hay ni tiempo ni paciencia para enseñar o esperar a que aprendan y por tanto los padres hacen en lugar de dejar que los hijos hagan. Los padres en estos casos ignoran que el amor se manifiesta con la paciencia y el tiempo, el tiempo que permite aprender a los hijos.

— La falta de confianza en los hijos. Se trata de un círculo vicioso. Los hijos no lo hacen bien porque los padres no le han dejado nunca hacerlo y en consecuencia, no confían en ellos. Al no confiar, no les dejan hacer las tareas encomendadas por ellos mismos y aún menos que participen en la planificación de cuándo y cómo hacerlas.

— La falta de aplomo para dejarles fracasar en asuntos de poca importancia. Muchos padres intervienen en cuanto atisban la más mínima posibilidad de fracaso, de forma que los hijos no se responsabilizan en lo sucesivo en tareas más complejas.

— No haberles hecho cargar con las consecuencias. A los hijos no solo hay que enseñarles a cumplir lo que se les manda y a tomar decisiones por sí mismos, sino que se les ha de enseñar la necesidad —una vez tomadas— de llevarlas a cabo, habiendo examinado antes las posibles consecuencias con las que necesariamente han de cargar.

SIGNOS DE LA IRRESPONSABILIDAD

— No saber tomar decisiones personales. Los hijos pueden ser incluso obedientes e intentar hacer con perfección lo que se les manda. Pero cuando las circunstancias cambian, no saben tomar la decisión y temen hacerlo mal, de tal manera, que prefieren dejar de hacerlo.

— Limitarse a cumplir una orden sin detenerse a examinarla. Fundamentados solo en el poder o la categoría del que manda. Sin reparar en los princi-

pios éticos, sociales y morales que les responsabilizan por encima incluso del mandato recibido.

— Buscar excusas. Las personas irresponsables tienden
a recurrir a excusas ante el olvido de un encargo.
Sin reparar que el olvido es indicador de la falta de
responsabilidad ante la orden recibida.

— Otras veces se buscan excusas para no comprometerse a hacer algo, si no se está convencido de que
saldrá bien.

— O se busca un responsable, alguien a quien culpar de
que la ejecución no fuera la idónea.

— Tratar de justificar lo que sale mal o no con la perfección que querían los demás.

— Apelar a la falta de intención («lo hice sin querer»)
cuando algo ha salido mal, en lugar de aceptar su
actuación defectuosa.

CÓMO HACER RESPONSABLE
A UN ADOLESCENTE

Para que los padres logren que su hijo adolescente sea más
responsable, deben:

— Evitar que lo mandado sea una imposición. Si es
una imposición desagradable, es posible que no la
haga o la haga a desgana y mal o desarrolle en él
una animadversión hacia lo mandado y a quienes lo
mandan. Y en todo caso, no se predispone para la
responsabilidad.

— Darles siempre la oportunidad de intervenir en la planificación de lo que tienen que hacer. A fin de que se comprometan e impliquen por sí mismos en la misión determinada.

— Una vez tomada la decisión, no deben olvidarse de ello los padres. Han de seguir que se cumpla y enseñar que lo que se debe cumplir, se ha de cumplir, salvo fuerzas mayores.

— Intentar —en lo posible— que lo mandado no vaya contra sus gustos o convicciones. A no ser que antes lo acepte o se le den razones para aceptarlo.

— Que ellos mismos sean llamados a juzgar y a juzgarse cuando sea necesario, interviniendo los demás lo menos posible.

— Procurar que sus actos sean reconocidos más por la intención y esfuerzo que han puesto, que por los resultados. Aunque no se hubiera conseguido lo que se buscaba.

— Evitar críticas sobre detalles en la ejecución, que tengan en realidad poca importancia.

— Evitar demasiadas explicaciones y preámbulos cuando se les encarga algo. Los padres deben ser parcos y que ellos se responsabilicen de lo demás.

— Hacerles ver positivamente cómo al ser responsables están influyendo en la responsabilidad de sus hermanos.

— Dejarles hacer como estimen oportuno todo lo que pueda quedar bajo su elección.

— Convencerles de que los demás cuentan con su colaboración, le necesitan y estiman también por ello.

Una de las consecuencias de la irresponsabilidad progresiva del niño es la llegada a la adolescencia en un grado de dependencia tan intenso, que el joven se siente gratificado con el cuidado de sus padres, especialmente de la madre. No encuentran la necesidad de emancipación y no aspiran a la independencia propia de la edad.

Lo que no sería grave, si no fuera porque todo ser humano está hecho para independizarse, formar otra familia y de esta forma ser adultos.

CAPÍTULO 38
LA MEJOR ESTRATEGIA
DE LOS PADRES

Los padres deberían ser más conscientes de lo que influye la conducta de los padres en los hijos.

La tarea de los padres puede ser tan difícil como parece a veces. Otras no. Pero sí es seguro que tiene una estrategia que no falla. Una estrategia necesaria en todos los casos, y especialmente si los padres pertenecen a alguno de los siguientes grupos:

Padres hipercríticos: Que les parece que sus hijos hacen casi todo defectuosamente. «*¿Cuándo aprenderás a hacer esto?, ¿cuándo dejarás de hacer aquello?, ¿Cuándo me escucharás antes de actuar?, ¿cuándo pensarás antes?...*» Estos padres no se dan cuenta siquiera de lo duros que son. Crean en sus hijos un sentido negativo difícil de superar.

Padres discutidores: Poco observadores. Se ponen a la altura del adolescente y discuten como él: rebeldemente. Con la herida de la palabra si pueden para intentar imponerse por su autoridad. Piensan que no discuten, sino que le enseñan al hijo cómo hacer las cosas. Se equivocan. La discusión es inútil y hace daño.

Padres colegas: Excesivamente tolerantes y con poca autoridad. Aceptan la conducta de su hijo casi siempre sin emitir juicio. Alaban cuanto hacen. Les dan incluso amables consejos. Guardan los secretos del hijo sin decírselo al otro cónyuge. Los hijos desconocen los límites y el control de su propia conducta. Hasta que la vida se impone y se lo enseña *por las bravas*.

Padres autoritarios: Excesivamente controladores. «*Aquí mando yo*». Muchos consiguen el control pero desperdician las posibilidades de su relación con los hijos. Que jamás se sienten realmente comprendidos.

Padres ausentes: Profesionales ocupados con vida social muy activa. Por elección o por necesidad. Esperan que sus hijos sean lo suficientemente maduros como para ser responsables por sí mismos.

Padres hiperreactivos: Los que reaccionan ante los problemas de forma desmedida. Siempre dispuestos a perder los estribos. Los hijos los vuelven siempre *locos*. Educar es una pesadilla para ellos. Estar con los hijos se convierte en ocasión de permanente disputa. Estos padres deberían irse a su cuarto hasta que reflexionen y recuperen el control de sus emociones. Sus hijos ignoran lo que se les dice y consideran a sus padres personas frustradas.

Si unos padres se reconocen en algunos de estos grupos, no han de sentirse malos padres. El pertenecer a alguna de estas descripciones, solo demuestra que son humanos y que simplemente necesitan observar más y mejor su conducta y seguir la verdadera estrategia que funciona, si el hijo es dócil y si no lo es, también:

- Querer al hijo como es. No solo como podrá llegar a ser.

- Escucharle con paciencia, como si les interesara lo que dice.

- Guardar silencio mientras él habla, acaso repitiendo alguna de sus últimas palabras.

- No enfadarse delante de él cuando les ofenda, provoque o contradiga.

- No ceder si se está seguro de que no hacerlo es lo que conviene de verdad al hijo después de cuestionárselo.

- Mantener los buenos modos.

- Esperar que pase el tiempo.

- Ser optimistas. Los frutos en educación siempre se recogen al tiempo. Nada, absolutamente nada de lo que se sembró, se pierde. Aunque lo parezca antes de llegar el tiempo de la cosecha.

- Seguir transmitiéndole al hijo un concepto claramente positivo y la confianza de que él mismo —con su libertad, inteligencia y madurez—, acertará con el camino correcto.

- Seguir queriéndole como es.

A muchos puede parecerle que la tarea educadora de un padre de nuestro tiempo es misión imposible. *«Si no se falla en todo, se fallará en la mayoría o al menos se le escapará algo importante. Nadie es perfecto y los padres tampoco. Nadie puede poseer el autocontrol de sí mismo que exige educar siempre acertadamente».*

Esta podría ser la sensación de muchos padres durante la adolescencia de sus hijos. Pero no han de perder de vista dos realidades esperanzadoras y radicalmente ciertas:

— Todo se reduce a intentar mandar al hijo lo que creemos que le conviene a él, con paciencia, cariño y buenos modos si es posible.

— El hijo, a su vez, es una persona inteligente y con un corazón inmenso. Que quiere a sus padres y les disculpa a solas más de lo que estos imaginan. Por eso, al final, si los padres intentan estas pautas, aunque lo hagan sin éxito, el propio hijo pondrá el resto: *su factor humano*. Sobre todo, si le han manifestado cariño, preocupación y lo han valorado como persona inteligente, libre y capaz de amar.

Malas actuaciones educativas por parte de padres bien intencionados dan como resultado hijos aceptablemente bien educados. Porque al fin y al cabo la educación es el milagro de cooperación entre padres e hijos, personas, cada una de ellas diferente, unidas para siempre por el amor mutuo.

EPÍLOGO:

LOS FUNDAMENTOS DE UNA MENTE SANA

Dicen que las sociedades civilizadas, las que viven en un moderado o no tan moderado bienestar, sufren más de enfermedades mentales que físicas.

Por eso se hace imprescindible que los padres logren transmitir a sus hijos una serie de hábitos, que les prevengan de las peores enfermedades y les permitan lograr la inmunidad ante muchos de los más frecuentes trastornos modernos:

— Agresividad escolar preocupante.

— Fracaso escolar.

— Familias rotas (cuando la madre o el padre sufre, el hijo sufre el triple, porque sufre por la madre, el padre y por él).

— Hijos abandonados o una adopción mal preparada.

— Madres adolescentes.

— Pertenencia a tribus urbanas con arriesgadas conductas.

— Alcoholismo juvenil.

— Trastornos de identidad.

— Frustración ante el hecho de no poder controlar grandes catástrofes.

— Desarraigo de inmigrantes.

— Violencia y maltrato familiar.

— Abuso de menores.

— Dependencia a las nuevas tecnologías.

— Adicción al móvil.

— Dependencia de las redes sociales.

— Ludopatías.

— Adicción sexual a través del ordenador.

— Niños pequeños con vidas de adultos.

— Trastornos del comportamiento.

— Niños, adolescentes y jóvenes superprotegidos.

— Mayores inmaduros.

Trastornos de nuestra era, que junto con los trastornos de siempre, exigen a los padres una salud razonable, la más completa posible. De cuerpo y mente. Para poder transmitir a los hijos, a través del ejemplo, la lucha por mejorar y el cariño, y los hábitos de la mente sana.

Se trata de unos hábitos que toda persona podría conseguir, a cualquier edad y en cualquier circunstancia. Hábitos que proporcionan una salud mental. Mayor, cuanto más integrados se tuvieran estos hábitos y mayor número de ellos se ejercitasen:

— Coherencia de vida. Evitar tener la cabeza llena de buenos deseos, la boca de valores, y la vida vacía de virtudes. Huir de una vida esquizofrénica. Con muchas caras, según estemos en distintos lugares o ante distintas personas. Unificar en una todas las posibles vidas. Representar en la vida un único papel. Ser igual como padre, empleado, vecino, amigo, esposo,

— Descubrir pronto que afecta a la vida. Que existe lo bueno y lo malo, lo que mejora a los hijos y lo que empeora. La realidad tiene muchos puntos de vista diversos y acertados, pero es una sola y la tarea de ser padre es tan compleja, que los buenos padres no pueden engañarse.

— Convencerse de que lo bueno triunfa al final. Saber que ser bueno es más que portarse bien y tiene mayor recompensa.

— Descubrir que las cosas no son como parecen siempre, pero son como son. Por lo que hay que esforzarse en comprenderlas.

— Ejercitar la empatía. Mirar con las gafas del otro, andar con los zapatos del otro, vestir el traje del otro, etc...

— Respetar a todo el mundo. A todos. No todas las ideas son respetables, pero las personas que las defienden, sí.

— Poner por encima de las normas, las personas.

— Poner por encima de las cosas, la naturaleza. Por

encima de la naturaleza, los animales. Por encima de los animales, todas las personas.

— No despreciar a ninguna persona. Todas son dignas.

— Cumplir con la carta de los derechos humanos.

— No confundir las leyes con las instrucciones del ser humano. La pequeña mayoría de un reducido parlamento puede ignorar cómo puede ser feliz el ser humano.

— No actuar como si se fuera el centro de donde se está.

— Llamar a las cosas por su nombre. Sin eufemismos.

— Exigirse. Convencerse de que podemos aspirar a algo más grande y mejor. Ser más realistas. Menos consumistas. Menos individualistas.

— No medir al dar. Ser más generosos. Siempre recibirán más.

— No venderse a ningún precio. Luchar contra el bienestar estéril sin ideales.

— Experimentar por sí mismo. Vivir y no conformarse con ser espectadores de la vida de otros.

— Mantener el sentido del ridículo. Proteger la propia dignidad como ser humano.

— Decidir y no sufrir al equivocarse. Si hay remedio, se ha de poner. Si no lo hay, no ha de ser una preocupación.

— Rectificar sin temor.

— Ser más reflexivos. Tomarse el tiempo necesario para

serlo. Ser más creativos que laboriosos es lo humano. Los animales son los que trabajan como tales.

— Ser flexibles. No tener diseñado al detalle el futuro inmediato o lejano. Llevar con flexibilidad, alegría y buen humor los cambios de planes. Es la única forma de emprender caminos de progreso.

— Complicarse la vida. Huir de la comodidad, que trae las mayores desgracias.

— Saber que los apuros económicos suelen traer grandes satisfacciones. Aprender a sobrellevar las carencias con elegancia y libertad.

— Huir del culto al refugio, al propio cuarto, al reino del propio dormitorio, al móvil, al ordenador... Al santuario de un rincón, al de una isla donde no estar con los demás. A una casa equipada perfectamente para quedarse solo.

— No sustituir las relaciones personales en directo, con las redes sociales a través de internet. Ni quedar en realidad con quienes sólo se ha conversado virtualmente. Ocultos.

— Necesitar cada día la mitad de lo que ahora se necesita. La mesura, la sobriedad, dijimos que era un valor en alza en todos los ámbitos. También profesionalmente.

— Hacer lo que realmente se quiere, después de pensarlo.

— Ser laboriosos. Esforzarse por lo que merece la pena. Siendo constante.

— Ser coherentes. Hacer lo que se dice y se piensa.

Coherentes en el sentir y en el actuar, decir, callar, mirar…

— Esperar y perseverar. Aunque esté de moda la gratificación instantánea. Los grandes logros se hacen esperar y van creciendo en esa espera.

— Actuar sabiendo que la realidad existe, convenga o no conocerla.

— Aceptar esa realidad. Sobre todo, la realidad de cómo se es y las causas de cuanto sucede. Y pensar también que no se es tan malo, tan gordo, tan bueno ni tan mal interpretado. Ni la situación en la que uno se ve envuelto tiene tan poco remedio. Siempre se puede dar la vuelta.

— Aceptar que no hay que estar seguro de todo para actuar. Que no hay que entenderlo todo.

— Sobrellevar lo imprevisible. No todo tiene que salir como se desea. Se puede enfermar, por ejemplo, incluso antes de un partido crucial o el examen más importante de nuestra vida. O ante el día más decisivo.

— Cuidar la propia intimidad. También la de los demás.

— Educar la propia afectividad. Gobernar las sensaciones, emociones, sentimientos.

— Desinhibirse. No guardar tanto anonimato. Mostrarse tal y como uno es y piensa. Aunque se complique la vida.

— Respetar más… y luego exigir respeto.

- Ser más racionales si somos muy emocionales, y más emocionales si somos muy racionales.

- Ser más responsables. De cada uno de los actos y decisiones.

- Resolver más problemas. Propios y de los demás.

- Ser menos sensibles al qué dirán.

- Salir de donde no se pueda ser uno mismo sin mentir.

- Ser más idealistas que pragmáticos, más utópicos que consumistas. Más revolucionarios que conformistas.

- Moverse por algo distinto que la comodidad, dinero, poder o sexo.

- Huir de los triunfos que no exijan esfuerzo.

- No empequeñecerse en las dificultades. Los obstáculos son los pasos que permiten alcanzar los logros más altos.

- Vivir convencidos de que las personas llenan más que las cosas.

- No utilizar las personas. Sino las cosas.

- Amar a las personas. No a las cosas.

- Dejarse ayudar. Con la ayuda acertada, todo el mundo puede mejorar hasta donde uno no se imagina.

- No creerse que cada uno se hace a sí mismo.

- No olvidar que la responsabilidad es la que nos asegura la libertad.

- Exigir y defender que la libertad de la mayoría no coarte la libertad de la minoría.

- Respetar las convicciones de los demás.

- Admitir que el respeto conlleva aceptar que los demás puedan exteriorizar públicamente también con respeto sus convicciones.

- Aprender pronto que lo que se siente no es más veraz, ni más real, acertado ni beneficioso, que lo que se piensa.

- Oír nuestra cabeza en la ebullición y a nuestro corazón en la frialdad, porque ambos son inseparables. Y la tiranía de una y otro enferman.

- Ser auténtico. Destruir fachadas. Sustituirlas por las buenas formas y la buena educación.

- Ser comprensivos con todos, indulgentes con todos. Y exigentes, intransigentes, con uno mismo.

- Poner primero a los demás. Empezando por los que más queremos.

- Amar más que ser amados. Aprender que la calidad en el amor no es cosa de dos, sino de uno (el que ama).

- No dar la razón por cobardía a quienes chillan más, sólo porque son más molestos.

- No ridiculizar a quien no se sabe cómo vencer.

- Escuchar de verdad al otro cuando se dialoga.

- Empezar las discusiones por entender las razones del otro.

— Ganar mucho dinero para darlo.

— Elegir primero los destinos y luego los caminos.

— No dejarse llevar.

— Rodearse de quienes nos hayan demostrado que nos quieren tal y como somos.

— No desear ser famoso si ya eres querido.

— Saber que lo más atractivo del ser humano es su humildad y su bondad.

— Saber que todo ser humano tiene más bueno que malo.

— No querer controlarlo todo.

— Liberarse de la propia opinión y el propio placer. Quien busca el de otro encuentra antes el propio.

— No intentar caer bien a todos.

— No esperar al dolor para ser mejor persona y más sincero.

— Aprender que las cosas no son malas porque están prohibidas, sino al revés.

— Aceptar que hay cosas buenas y cosas malas.

— Buscar el modo de solucionar los problemas.

— Cuando uno contradice a otro, solo uno de ellos lleva razón. O ninguno.

— Saber que lo más valioso nunca se puede comprar. No intentarlo.

— Vivir más que hablar.

— Fijarse más en los ejemplos que en las palabras.

— Vivir ahora, con la mirada puesta en después.

— Dirigir el mundo dirigiéndose a sí mismo hacia dónde se quiere llegar. Aunque no apetezca.

— Educar a los padres, profesores, vecinos, intelectuales, políticos…

— Empezar siempre por lo que une.

— Reconocer que muchas cosas que parecen sin sentido, lo tendrían si se creyera libremente en Dios.

— No imponer las creencias. Solo ser coherentes con ellas.

— No imponer la estadística al factor humano.

— Saber distinguir las teorías de las verdades. Aunque parezcan probables.

— No hablar antes de oír todas las partes.

— No juzgar nunca a nadie, incluso después de escuchar todas las partes, porque nunca se acaba de conocer realmente a nadie.

— No sacar conclusiones sólo con impresiones. Menos sobre otros.

— Ser agradecidos con aquellos de quienes se recibió mucho, cuando se dependía de ellos.

— No justificar ningún fin por los medios. Ni al revés.

— Guiarse por cómo es el ser humano del mundo entero y de todos los tiempos. No por las leyes circunstanciales de un país concreto en una época determinada.

— No admitir la dictadura fascista de tener que aceptar como acertado lo que quiera imponer una mayoría al resto.

— No desechar lo políticamente incorrecto, sólo por serlo.

— Pasar de las ideas a las acciones. Pero habiendo acudido al corazón, a las emociones, a los sentimientos:

TENIENDO ▶	CARGÁNDOLOS DE ▶	PARA LLEGAR A
Valores firmes	Emociones	Hechos valiosos
Principios	Sentimientos	Acciones valiosas
Convicciones	Apasionamiento	Realidad, éxito, felicidad

— Saber que el mundo está en una encrucijada y que, aunque lo intentemos, no podemos quedarnos al margen.